TerraCoya大家の会
林 奏人　辻 龍一　富治林希宇

不動産投資の羅針盤

豊かな不動産ライフを手に入れる
一番わかりやすい教科書

ソシム

はじめに

あなたに質問です。不動産投資の本を何冊読みましたか？

「本を読んでも、結局何からはじめたらいいのか、何をしたらいいのかわからない」という声をたくさん耳にします。

不動産投資に関する本やセミナーは数多く存在し、あるセミナーでは「区分マンションが1番！」と言われ、ある書籍では「築古戸建じゃないと危険」と書かれています。

これでは、勉強すればするほど何をしたらいいのか迷ってしまいます。

また、巷の多くの本に書かれているのは概要の話ばかりで、具体的なノウハウには触れていないものがほとんどです。また、その人の所有している物件の話がまったく出てこなくて、イメージが湧かないなんてこともあります。

もうひとつ、本に書かれていることは著者が執筆をした時点での成功体験であって、今では通用しないなんてことも珍しくありません。

そこで、本書は、教科書やトリセツのように、次の2つを目的としています。

❶いつでも使える基礎知識を習得できて、自分だけの「羅針盤」をつくれる
❷「即効性」「再現性」のあるノウハウを身につけながら、不動産投資をすぐにはじめられる

本書は、1回読んだら本棚から出てこないような一過性のものではなく、物件を探すときや買うときにはいつも側に置いておけるように、時代によっては通じなくなってしまう流行りの手法などは排除し、いつの時代でも役に立つ知識を提供しています。

また、その人の目的や属性によって、どんな物件を買うべきなのか、その目標設定の方法についても解説しています。ですから、「私は○○を買って成功しました。あなたもそうしましょう！」なんていい加減な内容にはなっていません。

読んで勉強になった、参考になったというだけでなく、**読みながら不動産を買うことができるようになる（即効性）、そして誰にでもできる（再現性）、そんな内容**になっています。

ぜひ自分だけの「成功への羅針盤」をつくってください。

読者プレゼントとして、すぐに使用できるテンプレートやチェックリストを用意

読者プレゼント一覧！

❶ 物件概要書チェックリスト（不動産の買い方）
❷ 融資打診用テンプレート（融資を受ける方法）
❸ 管理会社選びチェックリスト（不動産の運営方法）

このように、本書では不動産投資に必要な知識に加えて、すぐに効果のあるノウハウも提供しています。

これは、著者である私たち3人がたくさんの本を読んだけれど、なかなか不動産投資をスタートすることができなかったという経験からです。「こんな本があったらいいのに」を形にしました。

不動産投資はとても夢のある投資です。正しい知識があれば必ず成功できますが、なかには知識不足で苦労してしまう人もいます。正しい知識を提供して一人でも失敗する人を減らしたい、一人でも夢を叶える人を増やしたい、そんな想いを本書に込めています。

本書が、あなたの夢を叶える一助になれば幸いです。

TerraCoya大家の会

林　奏人
辻　龍一
富治林　希宇

もくじ

第2章 迷わない不動産の買い方

第3章

金融機関から融資を受ける方法

第4章 これでカンペキ！ 物件購入時までにやること

第5章 ほかの投資家と差をつける！ 物件運用術

第1章

属性に関わらず資産構築できる投資戦略

誰にでも再現性のある投資！


第1章では、不動産投資のメリット・デメリット、その人にあった不動産の選び方などについて見ていきます。

せっかくはじめた不動産投資でも、あまり勉強しないまま自分の目標にあわない物件を買ってしまうと、思うように収入が増えないことになってしまいかねません。

ここでしっかり勉強して、不動産投資を成功に導く羅針盤をゲットしましょう！

01 収入・資産を増やすためには不動産が堅実

不動産投資には、ほかの投資（株式、仮想通貨、ＦＸなど）ではなかなか見られない、大きなメリットがあります。それは、**「家賃という固定収入」**があり、**毎月ほぼ決まった金額が手元に入ってくる**ということです。

誰でも成功できる！

実際、私たち3人も安定した副収入がほしいという理由から不動産投資をはじめました。２０２０年11月現在、毎月給料以上の家賃収入を受け取っており、不動産投資のありがたみを感じています。

しかし、私たち３人が出会った２０１７年には、３人とも不動産を持っていませんでした。しかも、まだ全員30歳以下と若く、手持ち資金も給料も決して多かったわけではありません。それでも、不動産投資をはじめて３年で、全員が給料を超える家賃収入を築くことができたのです。また、この３年間で多くの大家仲間ができましたが、多くの人は安定した家賃収入を得ています。「毎月赤字で困っている」、「借金が返せなくて、自己破産しそうだ」、そんな話はほとんど聞きません。これだけ再現性のある（＝誰でも成功できる）投資は、ほかにないといえるでしょう。

しっかり勉強することが必要

一方で、不動産は購入金額が大きいので、「買ってはいけない物件」を購入してしまうと取り返しがつきません。しっかり勉強し、どんな物件を買うべきでどんな物件は買ってはいけないのか、自分で判断できるようになる必要があります。

また、やみくもに不動産を購入していっても、必ずしも思ったように収入が増えていくとはかぎりません。しっかりと**戦略を立てて購入しないと、買い増しができなくなってしまう**ためです。

そこで、第1章では、「個人の属性に関わらず資産構築ができるための投資戦略」についいて、必要な知識や戦略の組み立て方をお話ししていきます。

不動産投資のメリット

まずは、不動産投資のメリットについて、しっかりと学んでいきましょう。

安定した家賃収入が得られるという点に加えて、不動産投資には、さらに次のようなメリットがあります。

P
POINT

❶レバレッジ効果 ❷インフレに強い ❸生命保険代わりになる
❹相続税対策になる ❺安定した資産価値がある

では、一つひとつ見ていきましょう。

❶レバレッジ効果

レバレッジ効果とは、「テコの原理」のことです。テコとは、小さい力で大きなものを動かす力です。不動産投資でいうと、**融資（ローン）を使って物件を購入することで、手持ち資金よりも大きな投資をすることができます**。

たとえば３００万円の自己資金だけを使って、年間30万円の家賃収入がある不動産を購入したとします。その場合、年間の利回りは、

30万円（年間収入）÷３００万円（物件価格）＝10％（年間利回り）となります。

今度は３００万円を頭金にして、同じ利回

り10％の3000万円の物件（借入2700万円）を購入するとします。見た目の利回りは同じ10％ですが、収入は10倍の300万円になります。

同じ300万円を使ったのに、収入はなんと10倍に跳ね上がっています。このように、手持ち資金よりも大きな額を使うことで、投資効率が上がるのがレバレッジ効果です。不動産投資の場合、株式、仮想通貨、FXなどと違い、銀行から融資を受けられることが最大のメリットといっても過言ではありません。

❷インフレに強い

インフレが発生して物の値段が上がると、当然のことながら、不動産の価格も上がります。

たとえば1年間で3％ずつ物価が上昇した場合、1000円で買えていたものが、10年後には1350円出さないと買えなくなります。つまり、現金で持っていると毎年3％ずつ価値が目減りしていくことになりますが、**不動産は物価上昇とともにその価値が上昇します**。また、**物価上昇に応じて、家賃を上げることも可能**です。

それなのに、不動産を購入したときのローンが増えることはありません。１０００万円を借りて、インフレによってそれが１３５０万円になるということはないのです。それどころか１０００万円で買った物件が、10年後に１３５０万円で売却できる可能性もあるのです。

インフレになると金利が上昇し、毎月の返済額が上がる可能性はありますが、これは「固定金利」を選ぶことで対策できます。

③生命保険代わりになる

契約者がローンの支払い中に亡くなったり、生活に大きな支障がある高度障害状態になった

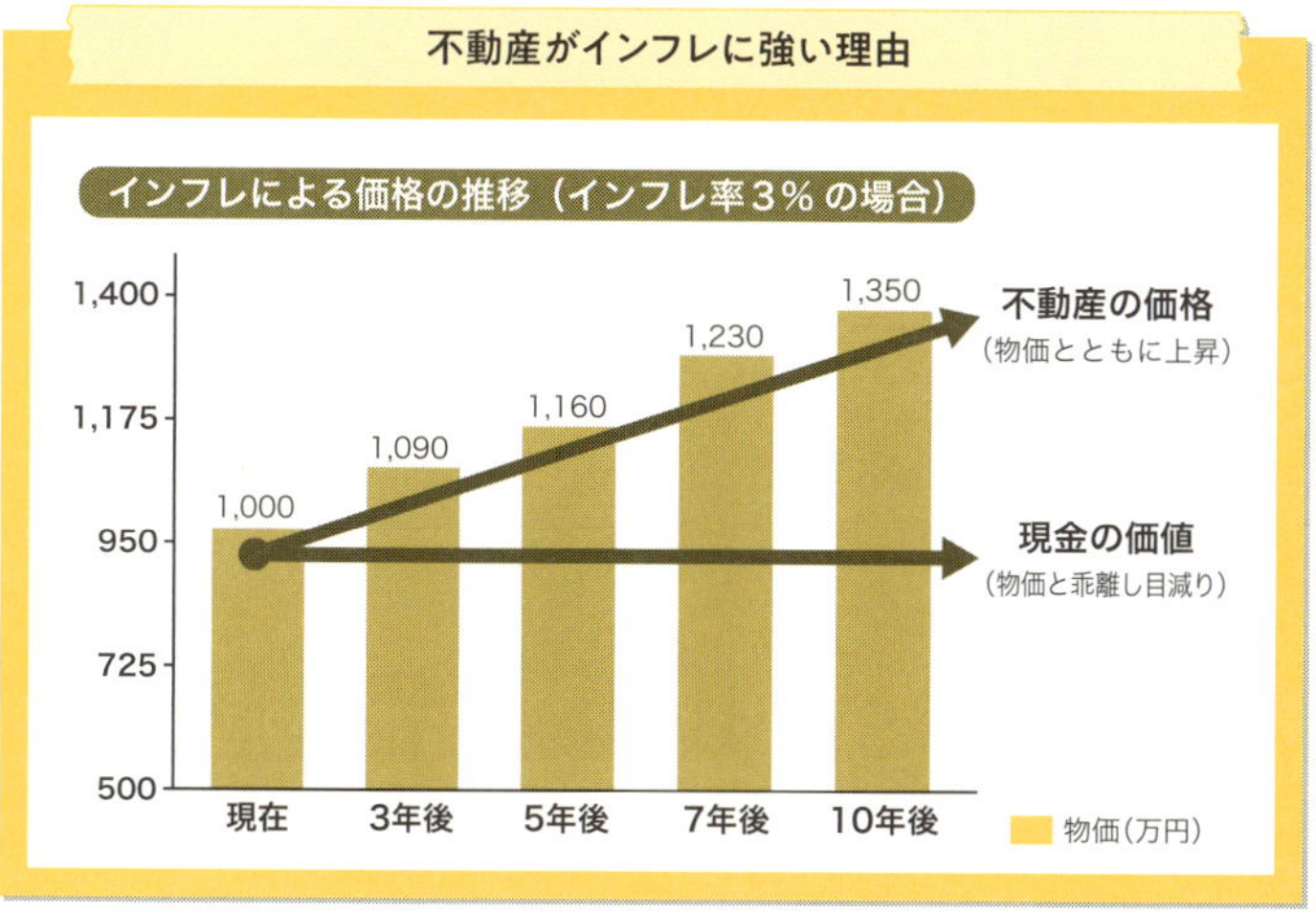

ときは、**融資を受ける際に加入する「団体信用生命保険（団信）」でローン残高が清算され、以降の返済をする必要がなくなります。**

そうなると運営費を除いて家賃収入がほぼ手残りとなるので、残された家族は安心して生活できます。また、相続税の支払いなどでまとまったお金が必要になったら、借金のなくなった不動産を売却すればいいのです。

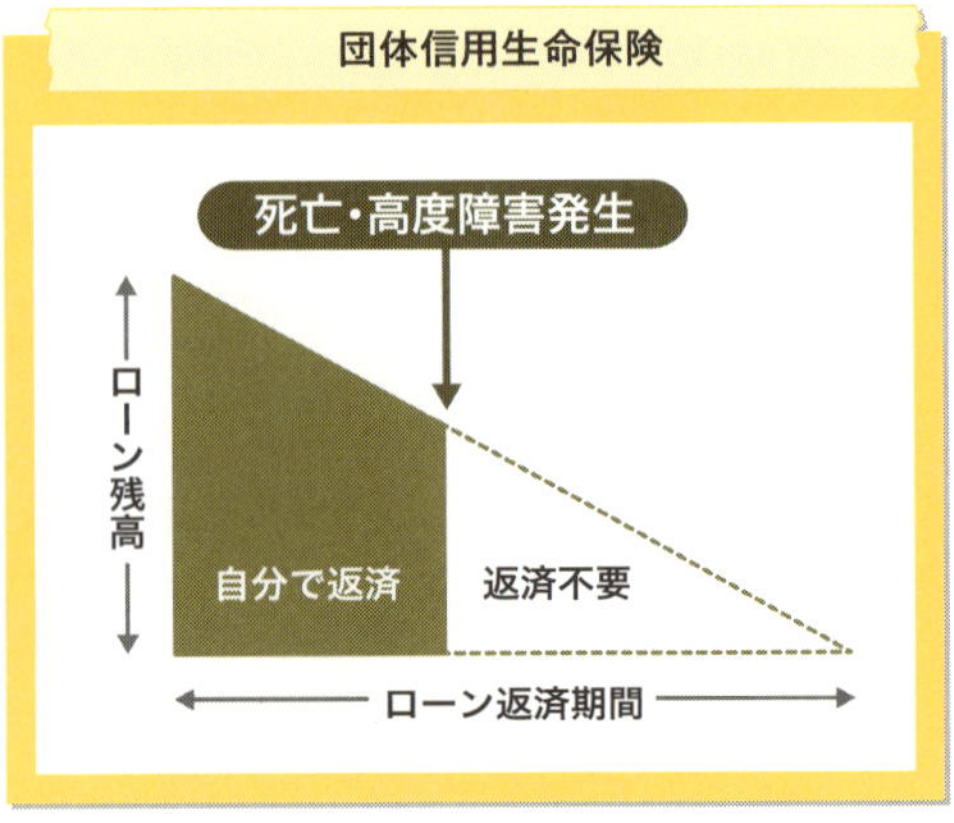

❹相続税対策になる

もし相続する財産が現金1億円であれば、丸々1億円に課税されますが、**不動産だったら購入価格より大幅に低い評価額に対して課税されるケースが多くあります。**

相続する土地にアパートが建っているのであれば時価の5〜6割、つまり約5000万〜6000万円の評価額となることが多いです。相続税の税率を仮に30％

とすると、約１２００万〜１５００万円の節税になります。また一棟アパートではなく区分マンションを相続する場合も、節税の効果が大きくなります。都心や人気エリアといった地価の高いところに建っているマンションであっても、戸数が多ければ、１戸あたりの土地評価額は驚くほど低くなります。また、好立地だと人気があり、固定資産税評価額よりもずっと高い値段で取引されるので、節税目的で購入する人が多くいます。

本書は相続税対策を目的としたものではないので詳細な計算方法は割愛しますが、こういったメリットも知っておいてください。

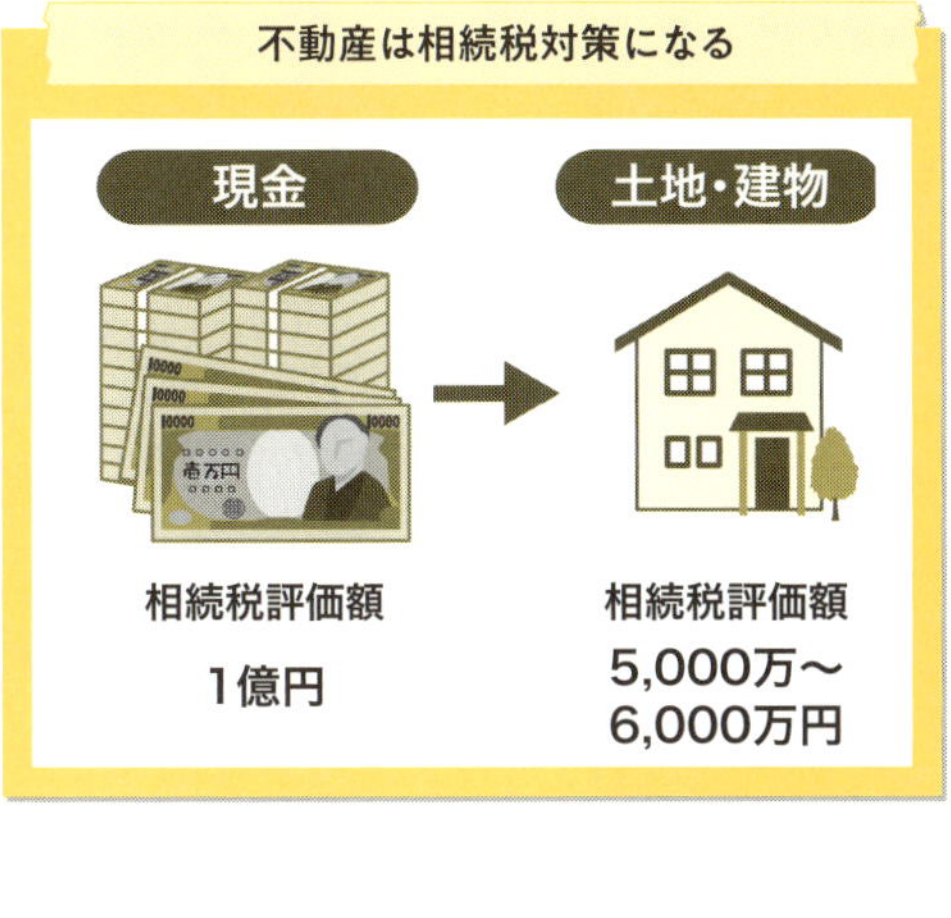

⑤安定した資産価値がある

２００８年に発生したリーマンショック以降、東京オリンピックが予定されていた

2020年に向けて、不動産や株式の価格は順調に上昇していました。ところがここにきて、コロナ禍による大きな経済危機に見舞われています。しかし、このような経済危機の中でも、不動産投資はとても手堅い投資法であるといえます。なぜなら、**「住居」として変わらない需要があり、家賃額が大幅に下落することが少ない**からです。

経済危機が発生したとしても、人は必ず住む場所を必要とします。もちろん、家賃が高い住宅から、より家賃が安いところへ引っ越す人や、家賃が支払えず滞納する人は増えるかもしれませんが、家賃が安い不動産を所有していればリスクは限定的と考えられます。**また、家賃滞納に関しては、入居者に家賃保証会社を利用してもらえれば、そのリスクを抑えることができます**。

実際に、コロナショックによる国内のＲＥＩＴ（不動産投資信託）の値動きを見ても、ホテルや商業施設関連の価格が大幅に下落している一方で、住宅関連の価格下落は限定的であるといえます。

これは身近な人の例を思い浮かべていただければ、想像がしやすいです。友人や家族の中で「不況で給料が減って、旅行や外食、買い物を控えるようにした」という話はよく耳にすると思いますが、「家賃の安いところに住み替えた」「更新時に家賃を下げてもらった」といった話は、かなり少ないのではないでしょうか。

また不動産は現物資産なので、ほかの投資商品と比較しても、値動きは緩やかです。株式や証券などの金融資産は、景気がいいときは価格が上昇しやすいですが、不況になると価格が一気に下落します。投資家が、わずか数日でほとんどの資産を失ってしまうということも珍しくありません。

一方で、**不動産や金などの「形を持つ」現物資産は、金融資産とは異なり、**

東京圏の土地平均価格と日経平均株価の推移

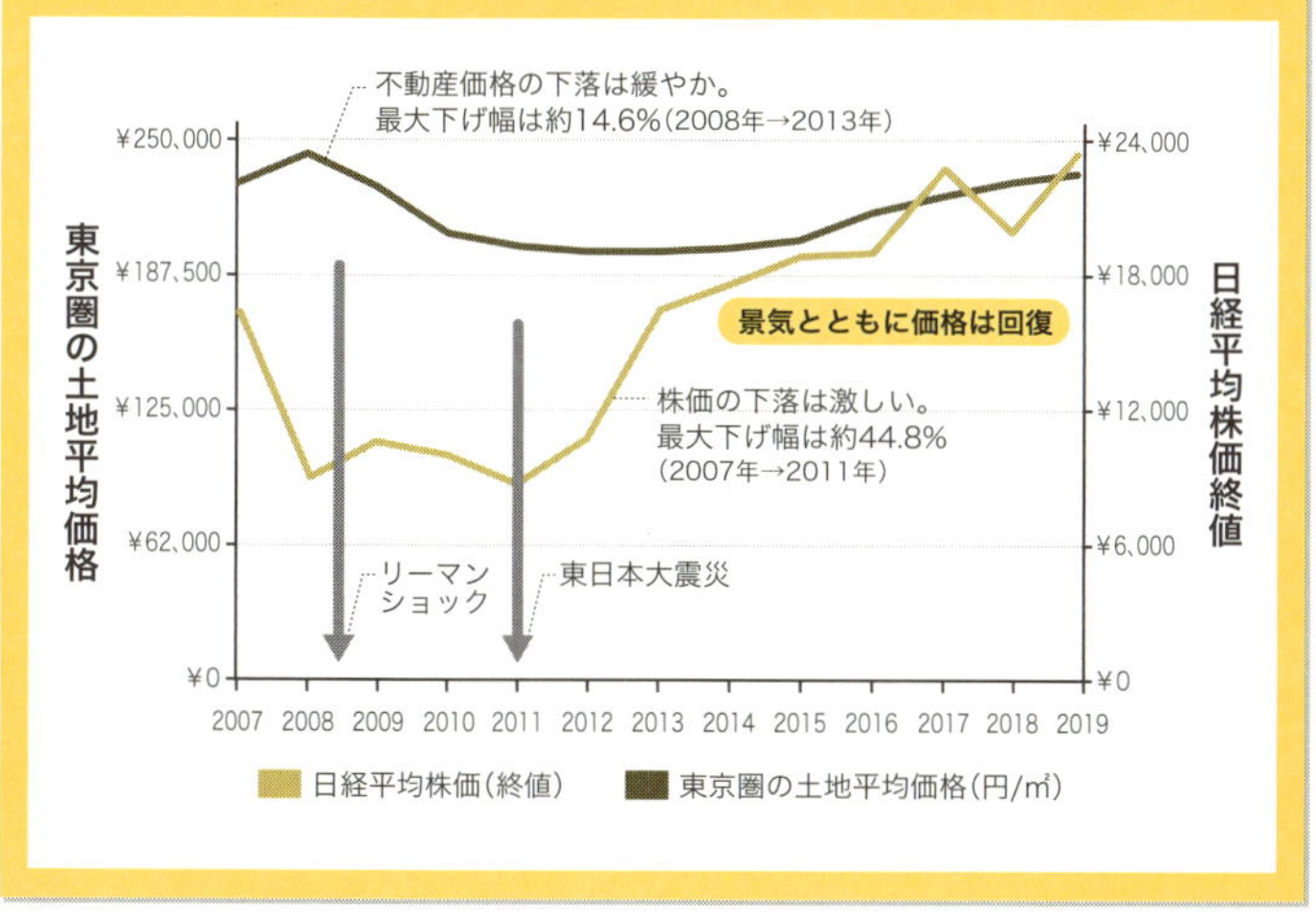

出典　国土交通省 地価公示
(https://www.mlit.go.jp/totikensangyo/totikensangyo_fr4_000043.html)

それ自体に価値があります。だからこそ、物価の下落時にも価値が下がりにくいという特徴があるのです。

そして、仮に不況による下落があった場合でも、一定のサイクルで不動産の価格が回復することは、過去の市場からも読み取ることができます（前頁下図参照）。

それでも失敗してしまう人がいる

以上のことを踏まえると、市況によって値動きはあるものの**誰にとっても欠かせない「住居」としての需要、そして現物としての価値に支えられ、不動産は非常に安全な資産である**といえます。だからこそ、不動産投資は、資産や収入を増やすためには最も堅実な方法なのです。

著者の大家仲間には株式投資をしている人が多くいますが、2020年のコロナショックで株価が大幅に下落し、大きな損失を抱えた投資家がたくさんいます。また民泊業をしている仲間は、外国人観光客が大幅に減少した影響でほとんど宿泊予約がなく苦戦しています。そんな中、以前と変わらず安定した家賃収入があることで、「不動産からの収入がなかったら、今ごろ破産していたかもしれない」「不動産投資をしておいて本当によかった」という声をたくさん聞きます。

このように**経済危機や不況に強く、インフレにも強い、最も堅実な投資法である不動産投資**ですが、なかには失敗して損失を抱えてしまう人がいます。特にひどい場合は、借金を返済できずに自己破産してしまう人もいます。

その原因は、大抵の場合、勉強不足、知識不足です。**知識がないために、割高な物件を買ってしまったり、思ったように入居付けができず赤字になってしまったりする**のです。そんなことにならないように、本書でしっかりした不動産投資の方法を身につけていきましょう。

02
正確な知識を身につければ、負けることはない！

メリットの多い不動産投資ですが、当然デメリットもあります。勉強不足だと、あらゆるリスクに対して無防備になってしまい、致命的な失敗をしてしまうこともあり得ます。しっかり知識を身につけ、対策ができるようにしなければいけません。

不動産投資のデメリットやリスクとは？

ここまで不動産投資のメリットについてお話ししてきましたが、ここで不動産投資のデメリットやリスクについて見ていきます。代表的なものは次のような点です。

❶「高値づかみしてしまう」ことへの対策

不動産の売買は、一般的には**「相対取引」**です。つまり、**株式や為替のように取引所が決めた価格は存在せず、売主と買主の合意で価格が決まります**。

だからこそ、私たち不動産投資家は物件が安く仕入れられるのですが、裏を返せば、相場よりも高く買ってしまうリスクがあるということです。それでも毎月の家賃収入でローン返済ができればいいのです

不動産投資のデメリット・リスク

売買価格関連	家賃収入・支出関連	そのほか
❶高値づかみしてしまう ❷流動性が低い	❸空室リスク ❹家賃滞納リスク ❺金利上昇リスク	❻災害リスク

取引所取引と相対取引

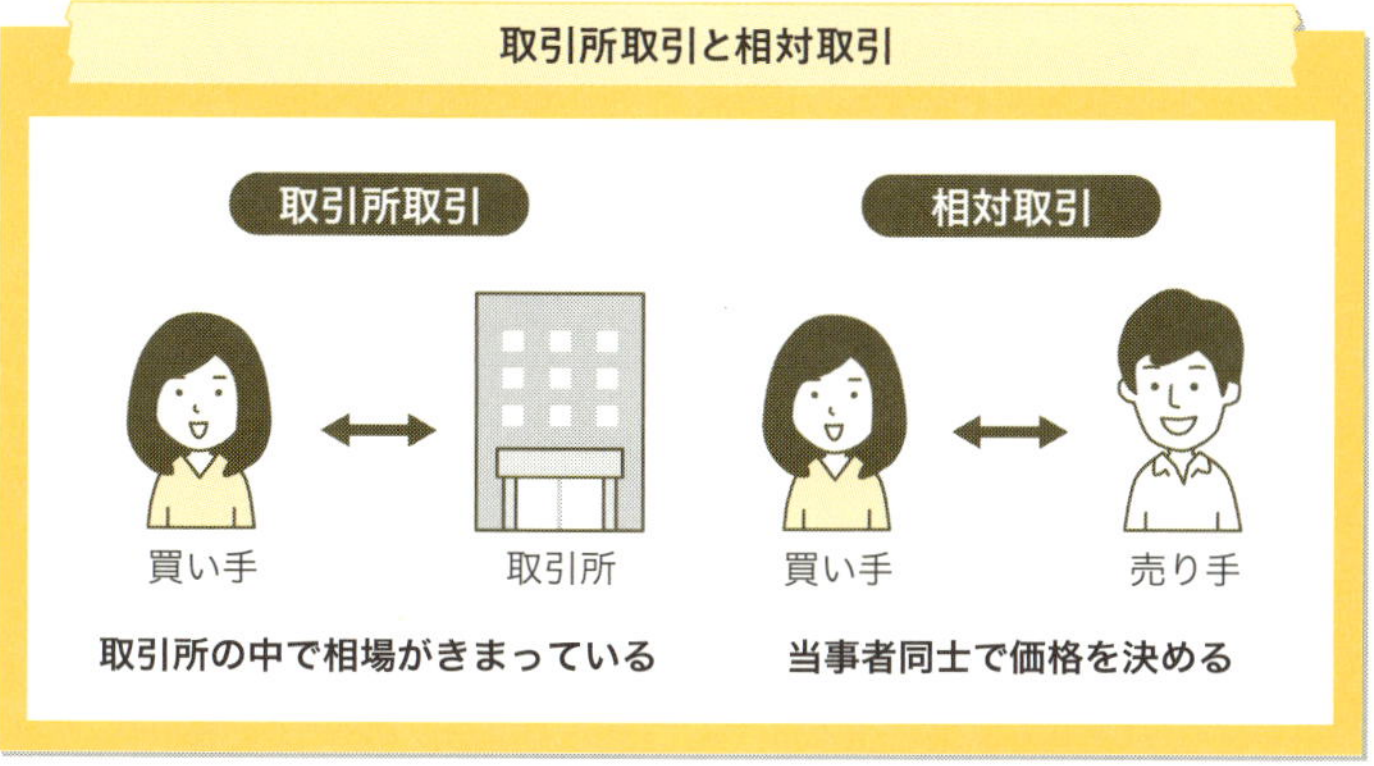

が、年数が経つにつれて家賃が下がり、返済額を下回って毎月赤字に……なってしまうと悲惨です。

対策としては、**しっかり相場観を養う**こと。毎日不動産の情報をチェックしたりして、価格の相場がわかっていれば、高値で買ってしまうことはありません。

❷「流動性が低い」ことへの対策

流動性とは、現金化しやすいかどうかということです。

株式、債券などの金融資産は、取引市場があるのですぐに現金化することができ、流動性が高いといえます。しかし、**不動産は買い手を見つけるのに時間がかかります**。そのため、「すごくいい物件が売りに出たから、持っている物件を売って現金がほしい！」といっても、すぐに対応ができないのです。

金融資産との流動性比較

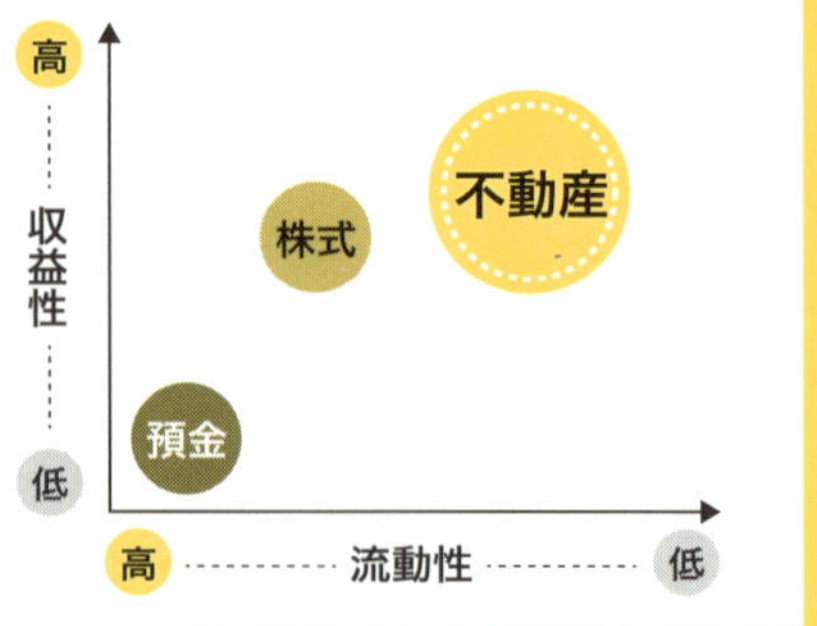

対策として、**物件を相場よりも少しでも安く購入しておくことが重要**です。流動性が低いといっても、相場より安く売りに出していれば、早めに買い手を見つけることができます。そして安く購入した物件は、返済額も安くすむので安定した運営ができるのです。理想論としては、そのような物件を所持して**「持ってよし、売ってよし」**の状態をつくれれば、リスクを抑えられます

③「空室リスク」対策

空室については、そもそも**賃貸需要のない借り手がつかない物件を買わない**、これに尽きます。買う前に賃貸需要をしっかり調査することで、リスクを軽減できます。また、**入居付けが得意な管理会社に管理を依頼するというのも効果的**です。アパートやマンションでは、家賃回収や入居者対応を不動産の管理会社に依頼するのが一般的ですが、管理会社もさまざまです。なかには入居者募集を積極的に行わないとんでもないところもありますが、入居付けが得意なところに依頼すれば、すぐ満室にしてくれます。

ほかにも、フリーレント（入居後の一定期間、家賃を無料にする契約）や初期費用無

料など、募集条件で差別化する方法や大家自ら不動産屋を回って客付けの依頼をする方法もあります。

❹「家賃滞納リスク」対策

家賃滞納は、場合によっては空室よりも厄介です。病気や家庭の事情で少し支払いが遅れてしまうのはいいのですが、なかには何カ月も支払わず、連絡もない人もいます。

そのような滞納者であっても即退去させることはできず、強制的に退去させるためには法的手段が必要です。当然、費用も時間もかかります。

その対策としては、**入居者には家賃保証会社を利用してもらいます**。保証会社が入居者に代わって家賃を立て替えてくれるので、大家としては安

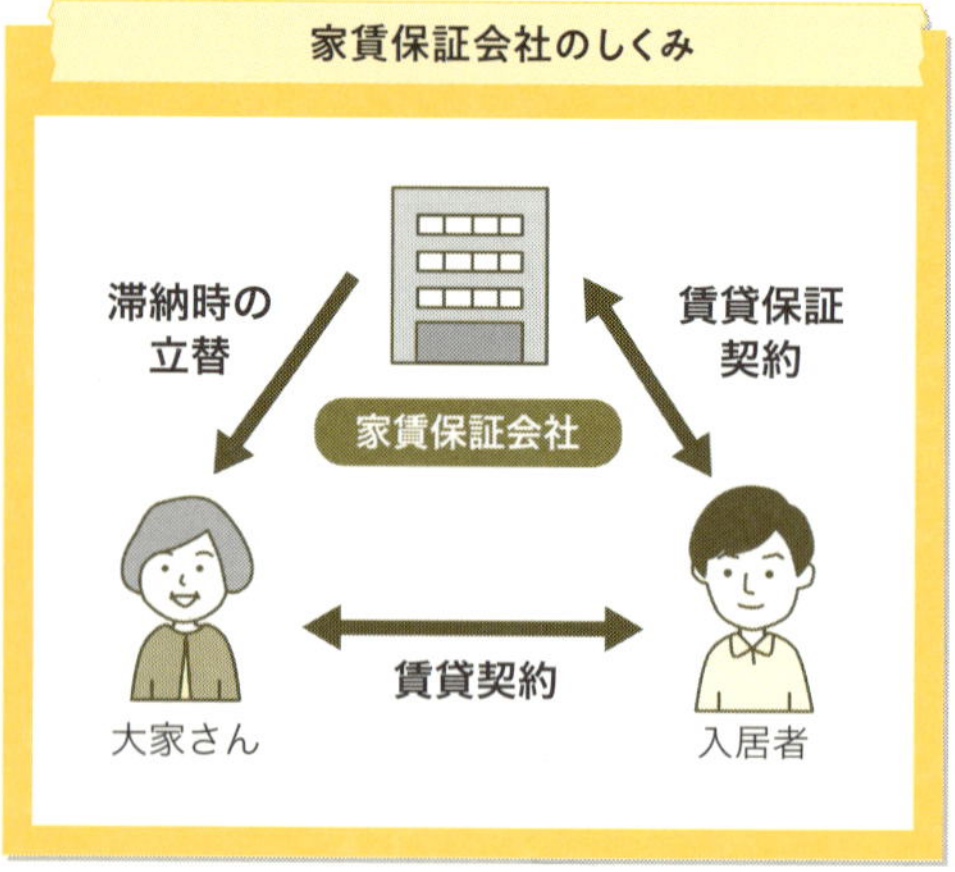

心です。

⑤「金利上昇リスク」対策

金利が上昇すると、月々のローン返済額が上昇します。

たとえば、3000万円を金利1・5％、期間20年で借りたとすると、月の返済額は約14・5万円です（下図参照）。月の家賃収入が30万円だとすると、返済は家賃収入の50％以下ですみます。5万円の部屋が6戸のアパートだとすれば、3戸空室でも返済額は超えられる［5万円×（6戸－3戸）＞14・5万円］ので、余裕のある経営ができますね。

ところが、金利が5％まで上昇すると、返済額は約19・8万円まで上昇します。そうなると6戸中4戸埋

金利上昇のシミュレーション

●借入額3000万円　期間20年の場合

金利	月返済額
1.5%	約14.5万円
5.0%	約19.8万円

金利は上昇は3.5%だが、
返済額は実に36.5%も上昇する！

まってやっと返済額を上回る状況［5万円×（6戸－2戸）＞19・8万円］で、そのほかの経費のことも考慮すると、かなり経営が苦しくなります。

対策としては、「余裕を持った借入を行う」「融資期間を長くする」「利回りの高い物件を買う」などで、**ローン返済比率（返済額÷満室家賃額）が低くなるようにします**。基準はその人の投資戦略や物件のスペックにもよりますが、目安は次のようになります。

POINT

安心	40％以下であればかなり安心
注意	50％を超えてくると黄色信号
危険	60％以上は危険

また、可能であれば**固定金利を選択する**のもいいでしょう。一般的に変動金利よりも金利が高めになってしまいますが、複数棟所有するなら、いくつかは固定金利で融資を

受けたほうがリスクを抑えられます。

⑥「災害リスク」対策

日本は世界有数の災害大国です。地震、噴火、津波、台風といった自然災害の危険にさらされています。また、火災や事故といった人災が発生することもあるかもしれません。

そのための対策として、**「火災保険」「地震保険」に加入する**ことです。火災保険というと、火災しか補償されないと思うかもしれませんが、あらゆる自然災害や事故の補償が可能です（下図参照）。補償内容や補償額によって保険料が変わるので、各自治体のハザードマップなどを確認して災害のリスクが

火災保険、地震保険の補償内容

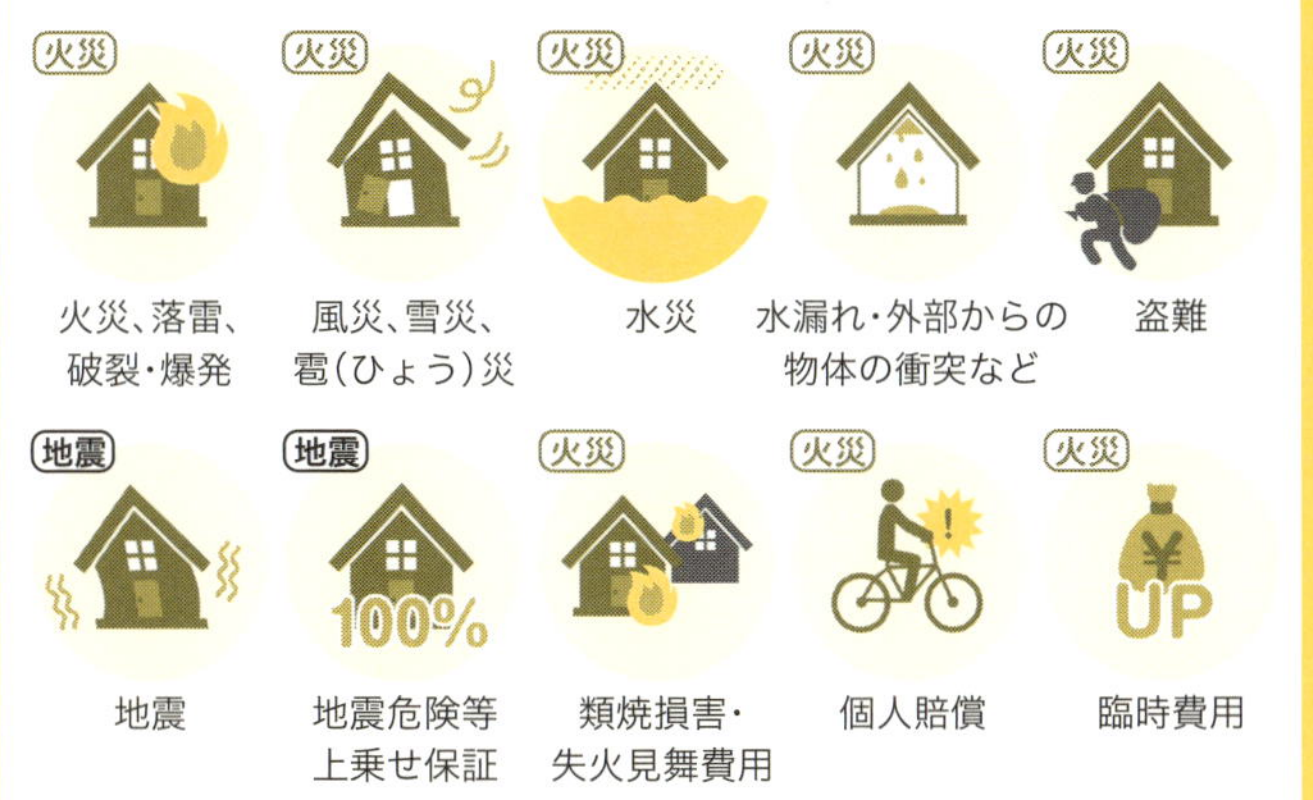

どのくらいあるのか調べたうえで加入しましょう。

ここまでが、不動産投資の代表的なデメリットやリスクになります。

ここに挙げたほかにも、突発的な修繕が発生したり、大学・企業の撤退による家賃の下落が発生したりすることもあります。こういった**予期せぬことに対応するために、月々の返済や自己資金には、余裕を持たせる**ようにしましょう。

購入前に調査すべし！「物件の相場価格」と「賃貸需要・家賃相場」

さて、こうやってデメリットやリスクを見ていくと、安全な不動産投資をしていくためには、「賃貸需要」「相場観」「融資情報」「火災保険」など、実に多くの知識やノウハウが必要になります。

「これら全部の知識を身につけないと、不動産は買えないの？」と、心配になってしまう人もいるかもしれません。もちろん、できるかぎり勉強するに越したことはないですが、物件を1棟（1戸）も持っていない状態で、そのすべてを完璧に身につけることは到底できません。実際に賃貸経営をはじめてみて身につく知識がとても多いのです。
初心者が失敗しない物件を買うためには、まず次の2点を押さえましょう。それ以外の知識は具体的に物件購入の話が進んだ段階で調べたりすることもできますが、この2点だけは事前に身につけておく必要があります。

POINT
❶ 物件の相場価格
❷ 賃貸需要・家賃相場

❶物件の相場価格

不動産投資において、最も重要な知識といっても過言ではありません。極端な話、どんな種類の不動産を買ったとしても、きちんと需要があり、**相場より安く買っていれ**

ば、大きな損をすることはありません。

不動産投資にかかる諸費用は、大きく次のようになります。

POINT

物件購入時の諸費用

仲介手数料、登記費用、不動産取得税など物件価格の約7％～

物件売却時の諸費用

仲介手数料など物件価格の約３％～

つまり、購入と売却で最低でも約10％の諸費用がかかるわけです。そのため、相場より10％安く物件が買えていれば、数年で売却しなければいけない事情が発生したとしても、大きな損をしなくてすみます。

物件価格の相場観を養うためには、ポータルサイトや不動産業者からのメルマガなどを通じて、日々物件情報に触れるのが１番です。なかなか一朝一夕では身につかないので、毎日少しずつ物件情報を見る習慣をつけましょう。

❷賃貸需要・家賃相場

こちらも物件の価格に大きく関わってくる要因になります。都心などの需要の強い地域と比較して、田舎などの賃貸需要の弱い地域では物件価格が下がり、物件の利回りは高くなります（下図参照）。**一見すると利回りが高くてとても割安に見える物件でも、実はほとんど賃貸需要のない地域ということもある**ので注意が必要です。

また家賃相場については、これがわからないと正しい利回りが計算できません。「想定家賃５万円、利回り10％」と掲載されている物件が相場家賃では４万円ならば、利回り８％になってしまいます。実際に、空室の家賃が高めに設定されており、「見せかけの高利回り」になっている物

物件価格と利回りの関係

物件価格	家賃額	年収入	利回り
600万円	5万円	60万円	10%
1000万円	5万円	60万円	6%

物件価格が安いと利回りが高くなるので優良物件に見えてしまうが、賃貸需要のない地域ということもある

件が多くあります。また、新築時からの高い家賃のまま住んでいる入居者がいたりして、その人が退去したら、途端に利回りが下がってしまうこともあります。

しっかりと家賃相場を見極められるようになって、見せかけの利回りに騙されないようにしましょう。

なお賃貸需要や家賃相場は、インターネットでの検索や不動産屋へのヒアリングで見極めることになります。詳しくは、第2章126頁でお話しします。

大切なのはリスクのコントロール

リスクのない物件とは

さて、ここまで不動産投資のさまざまなリスクとその対

家賃と利回りの関係

物件価格	家賃額	年収入		利回り
600万円	5万円	60万円	→	10%
	4万円	48万円	→	8%

売出物件の情報には家賃が相場より高めに掲載されていることもある。家賃が下がれば利回りも下がるので家賃相場の把握は命綱となる

策についてお話ししてきました。ここまでの話を踏まえると、**空室の心配がない好立地かつ高利回りで、修繕の心配がなく相場よりも割安、そんな物件を買えばリスクはほとんどない！**　ということになります。

ですが、そんな物件なら誰でもほしいですよね。実際にはそんな物件は滅多にないですし、あったとしても、現金や情報量の多い不動産業者や投資家がすぐに買ってしまいます。

リスクは自分でコントロールするもの

ということは、大切なのは取るべきリスクを選択し、**そのリスクを自分の知識やノウハウでコントロールすること**です。たとえば、建物はボロボロだけど好立地・高利回りの建物なら、再生させるノウハウがあればお宝物件になります。田舎にあって、一見客付けが難しそうに見えても、需給バランスを見抜いて満室にできれば、それは賢い投資です。

そうやって、**コントロールできるリスクは積極的につかんでいくことが、割安物件を買うには必要**となってきます。これこそが、不動産投資で勝利するための術なのです。

さあ、不動産投資で負けないための方法もわかってきたところで、次からは「自分にあった投資手法」を見つけるためのテクニックをお話ししていきます。

03
不動産投資をする理由を明確にする

あなたは、なぜ不動産投資をはじめたいのでしょうか?

「給料以上の家賃収入を築きたい」「月5万円副収入がほしい」「将来年金代わりにしたい」など、目的によって取るべき戦略、買うべき物件は大きく変わってきます。まずは不動産投資をする理由(目的)をしっかり定めましょう。

理由を明確にすると、次の行動が決まる

「不動産投資のメリットもわかったし、負けない方法もわかった。さあ、すぐはじめるぞ!」と思った人がいたら、少しだけお待ちください。ここで1度、なぜ不動産投資

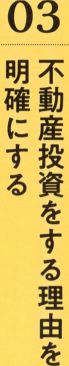

をしたいのか、しっかり考えてみましょう。

「そんなの収入がほしいからに決まっている」と言われてしまいそうですね。そうです、もちろん収入を得るために不動産投資をするのですが、それがサラリーマンを辞めたいからなのか、お小遣いぐらいの収入がほしいからなのか。それによって、探すべき物件や取るべきリスクの度あいが変わってきます。

給料以上の収入を目指すなら、アパートやマンションといった大きな物件を買うことになり、融資の知識も必要になります。対して、月数万円の収入でいいなら、小さな戸建てを現金で買えばすむので、借金というリスクを負わなくてもよくなります。

計画的に購入しないと、行き詰まってしまうことも(金融機関の評価方法)

また、「できるだけ増やしたい。とりあえずひとつ買ってみる」というのも、注意が必要です。

というのは、不動産投資において規模を拡大するためには融資が不可欠ですが、**金融機関から評価されないような物件を買ってしまうと、それ以後融資が受けられなくなってしまう**からです。受けられる融資から逆算して、計画的に買い進める必要があるのです。

なお、金融機関が不動産を評価するときは、主に次の2つの評価方法を使います。

POINT

❶ 積算評価

- 積算評価＝土地の価値＋建物の価値
- 積算評価は担保価値につながる：担保価値とは、その不動産を売却した場合、いくらの価値があるのか、金融機関はその評価をもとに物件への融資額を決定する。次頁左下図の 物件1 のように、価値の余力があるほうが評価が伸びやすい。

❷ 収益還元法

● 将来的にその不動産が生み出すであろうと予測される収益に着目して評価する

● 「空室率20%、金利1%の上昇にも耐えることができるか」といった条件でシミュレーションされたりする。

※月々の返済だけでなく、管理費・税金・修繕費などの経費も考慮される。

この2つをどのように組みあわせて評価するのかはその金融機関次第なので、細かい評価方法は各金融機関へヒアリングする必要があります。一般的に戸

積算評価と担保価値

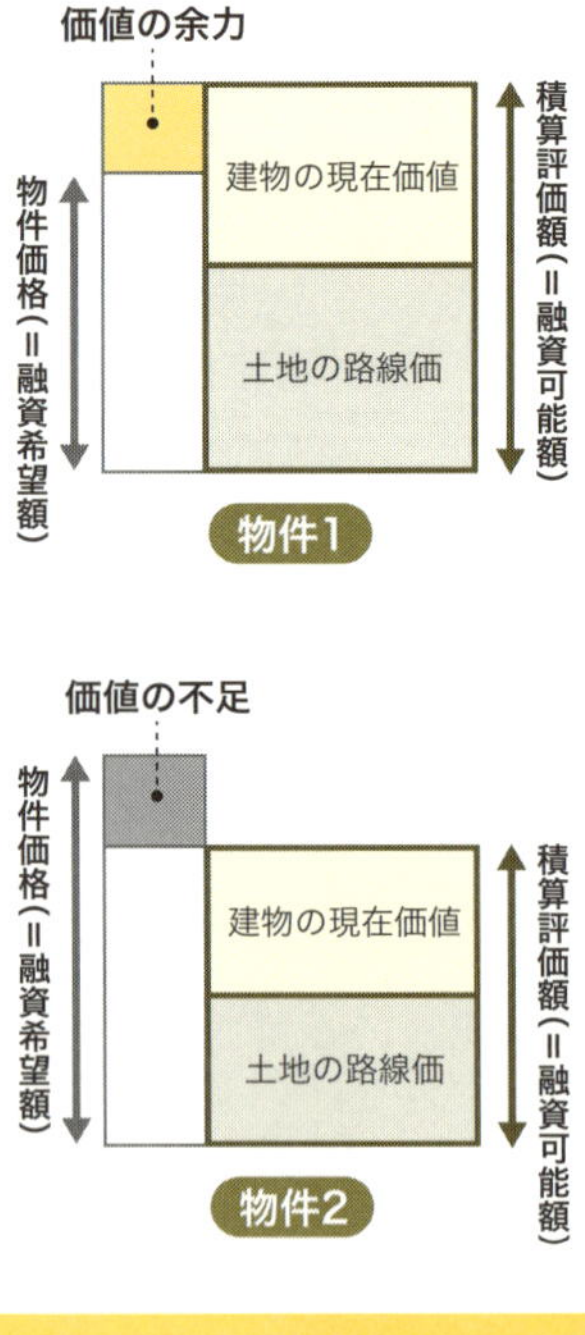

建てやアパートであれば、「❶積算評価を重視するところが多い」ので、「積算評価の高い物件のほうが無難」です。

違法建築物件やシェアハウスなどは、金融機関からの評価が低くなることもあります。かなり高利回りで売りに出ていたりしますが、計画的に購入しないと、規模拡大の足を引っ張ってしまう可能性があります。

目標設定をするメリットとその方法

目標をしっかりと定めると、取り組むべきことが明確になりモチベーションが維持しやすいというメリットもあります。何となく「不動産投資をはじめよう」と考えているよりも、「○○までに家賃収入を○○円にする」と明確に決めているほうが、何をすべきかわかりやすいですよね。

目標を決めたら、年・月などの単位でノルマを決め、最後は毎日の行動まで落とし込んでいきます。そうやって行動が習慣化されると、目標達成の確率は格段に高くなります。

では、不動産投資家たちは、何を基準に目標を設定しているのでしょうか。

これには答えはありませんし、自分の決め方でかまいません。たとえば「資産規模を○億円まで増やす」というのでもいいですし、「アパート、マンションを○棟所有する」でもいいです。

目標設定の方法

毎月の安定収入を得ることが1番の目的ならば、「毎月のキャッシュフロー」を基準にするのがわかりやすいです。キャッシュフローとは、家賃収入からローン返済額と諸経費を引いた手残りのことです。

POINT

キャッシュフロー＝家賃収入－ローン返済額－諸経費

実際、不動産投資家に目標を聞くと、「月キャッシュフロー〇〇万円」という回答が一番多く聞かれます。参考までにいうと、サラリーマンを辞めるために、「毎月のキャッシュフローが１００万円以上」という目標を設定する人がたくさんいます。

キャッシュフローを多く得るコツは、なるべく高利回りの物件を、なるべく低金利の融資で買うことです。ほかには、融資期間を長くして月々の返済額を少なくすることでキャッシュフローを多くする方法もあります。

とはいえ、将来返済する金額が下がるわけではないので、建物の老朽化に備えて修繕費用を積み立てたり、突発的な出費に耐えられるように貯金をしておくといった対策が必要になります。貯まったお金で繰り上げ返済をすれば、毎月の返済額を減らすこともできます。

この目標設定については、74頁で詳しくお話しします。

04

どんな不動産を買うべきか？

不動産投資で達成したい目標も定まったところで、次に問題となるのは、「では、一体どんな不動産を買っていけば目標が達成できるのか？」です。物件の種類ごとに見ていきます。

区分マンション×戸建て×1棟アパート×1棟マンション

ひとえに不動産といっても、1世帯向けの区分マンションや戸建て、小振りな1棟アパートや何百世帯が入居する大型マンションなど、物件の種類はさまざまです。そこで、不動産の種類を区分マンション、戸建て、１棟アパート、１棟マンションの４パターンに分け、その特徴をまとめました（下図参照）。

区分マンションや戸建ては、投資金額が小さくてすみます。しかし、戸数が少ないため家賃収入がそれほど多くなく、規模拡大のスピードが遅くなるという特徴があります。

１棟アパートやマンションになると家賃収入も多く、拡大スピードも速くなります。とはいっても投資金額が大きくなるため、融資を受けるハードルが高くなります。また当然ですが、規模が大きい分、修繕費が多くかかるなどリスクも大きくなります。

物件の種類別による特徴

項目	区分マンション	戸建て	１棟アパート	１棟マンション
投資金額	小	小	中～大	大
空室リスク	0 or 100	0 or 100	分散可能	分散可能
立地リスク	分散可能	分散可能	複数棟で分散	複数棟で分散
拡大スピード	遅い	遅い	やや速い	速い
担保価値	低い	土地値次第	土地値次第	高い
流動性	高い	高い	中	低い
金融機関	提携ローン	現金・公庫	公庫・銀行・信金	銀行・信金・信組
そのほか	投資管理費や修繕積立金が割高。手残りがマイナスの可能性あり	賃貸市場で供給が少なく、比較的埋まりやすい	取得競争が激しい。１度の手間で得られる利益が大きい反面、リスクも大きくなる	

✕「区分マンション」はキャッシュフローが少ないので避ける

一般的に、投資金額の小さい区分マンションから不動産投資をスタートさせる人が多いのですが、**区分マンションは節税目的で買う人もたくさんいるので、買い手が多く、収益の割に値段が高くなってしまい、利回りが低くなりやすい**です。また毎月、修繕積立金や管理費、共益費がかかることも忘れてはいけません。そのためキャッシュが貯まりにくく、物件によっては月の収支がマイナスになることもあります。

「不動産以外の収入が多いので節税したい」「ローン完済後に年金代わりにしたい」といった理由で購入するのはいいですが、**できるかぎり早く規模を拡大したいと考えるなら、区分マンションは避けたほうが無難**です。

○お勧めは何といっても「戸建て」や「アパート」

将来的に規模を拡大したいと考えるなら、**戸建てや小規模なアパートからはじめる**ことをお勧めします。これらには修繕積立金などはないので、キャッシュが貯まりやすいです。

また、はじめから自己資金が多い、年収が高いなどの理由で高額の融資を受けられる人は、**大きめのアパートやマンションからはじめるのもいいでしょう**。その場合は、購入後に、修繕や家賃滞納などが発生するリスクも考慮した資金計画を立てます。このあたりは第2章以降で詳しくお話しします。

新築×築浅《ちくあさ》×築古《ちくふる》

次に、不動産の種類とは別に築年数ごとの特徴を見てみましょう（下図参照）。この表の区分基準は、新築（築1年未満）、築浅

築年数別の特徴

項目	新築	築浅	築古
取得単価	高い ＝利回りが低い	やや高い ＝利回りがやや低い	安い ＝利回りが高い
融資	受けやすい	受けやすい	残存耐用年数と土地評価次第
客付け	しやすい	しやすい	適切なリフォーム次第
修繕	ほぼない	たまにある	頻繁に発生
CF（キャッシュフロー）	少ない	少ない	融資年数次第
家賃下落	大きい	ある程度	小さい
出費	少ない	少ない	突発的な出費あり
そのほか	耐用年数が長い分、融資を受けやすい	築年の割に、家賃がまだ下がる可能性がある	利回りが高いため、キャッシュフローがよくなる

（築10年まで）、築古（築20年以上）としています。

「新築・築浅物件」の特徴をザクッとつかんでおこう

新築・築浅物件の特徴としては、**価格が高くなることが多く、利回りが低くなりがち**ですが、内装や外観がきれいなため客付けがしやすい、修繕が少ないというメリットがあります。

また建物が新しく、法定耐用年数（所得税法で定められた構造ごとの耐用年数。下図参照）が多く残っているので、長期の融資を受けやすくなります。

しかし**築年数が経ってくると、退去がある度に家賃が下落していくことが多い**ので注意が必要です。このことを忘れてしまうと、将来的な収支計画が狂ってしまいます。

新築時の家賃と比較すると、築10年までには10%下がり、さらに築20年までには20%近く下落することがあります。新築時に5万円だった家賃

構造別法定耐用年数

構造別法定耐用年数				
軽量鉄骨造（厚さ 3mm以下）	木造	鉄骨造（厚さ 3mm超 4mm以下）	重量鉄骨造（厚さ 4mm超）	鉄筋コンクリート造
19年	22年	27年	34年	47年

は、10年経ったころには４・５万円、20年経ったころには４万円になっているイメージです。

そして、新築物件には注意点がもうひとつあります。新築のアパートやマンションは、建物がすでに建った状態か、建築計画ができている状態で販売されます。こういった建売物件は、**土地を仕入れた業者などの利益が乗った状態で販売され、割高になっている**ことがあります。

もちろん、建売でも割安な物件もありますが、**投資家自ら土地を探して物件を建てるやり方のほうが割安に物件を入手できます**。ただし、アパートやマンションを建築できる土地を探したり、信頼のおける建築会社を見つけたりするには、それなりの労力が必要となります。

築年数別の家賃の推移

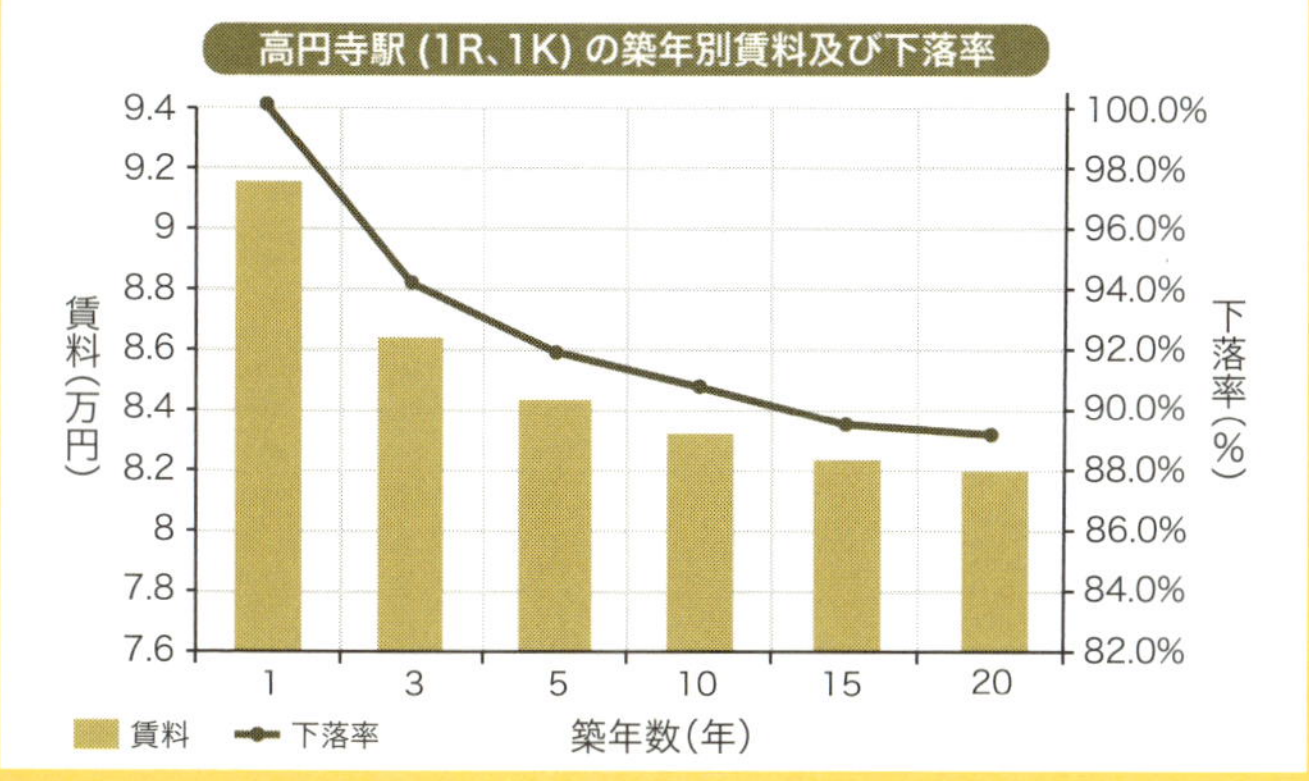

参考　SUUMO 賃貸経営サポート（https://www.suumo-onr.jp）
不動産情報サイト アットホーム（https://www.athome.co.jp）

「築古物件」の特徴をザクッとつかんでおこう

では、築古物件についてはどうでしょうか。

こちらは新築・築浅物件と比較して、**物件価格が低く、利回りが高くなりやすい**です。建物の耐用年数が残っていないことが多いため、融資を受けるのに苦労する場合がありますが、なかには築古物件に融資してくれる金融機関もあります。

また築浅のうちは経年による家賃の下落が大きいですが、**築20年を超えてくると家賃の下落の度合いは軽減されます**。新しい物件に住みたい人にとって、築5年と築15年では大きな違いです。しかし、気にしない人にとっては、築20年も築30年もそれほど大きな問題ではないのです。

一方、新築・築浅物件と比較すると、**修繕費がかかります**。急に水漏れが起きたりして、突発的な出費が発生することもあります。しかし外壁や屋根の補修などは、自然災害が破損の原因であれば火災保険からの見舞金で実施できることも多いため、意外と計画的に修繕できたりします。

築古、高利回り物件が王道

さて、ここまで物件の種類、築年数別の特徴をお話ししてきました。

ここまでのことを踏まえると、規模を拡大したい人にとって、**最初は、築古の戸建てや築古の１棟アパートといった、低価格かつ利回りが高い物件からはじめるのが王道**です。

P
POINT

これからはじめる人向け

新築・築浅物件よりは、築古物件のほうが利回りが高く、価格も抑えられるのでお勧め

「でもそんなやり方じゃ、１棟不動産を買うごとに月数万円しか収入が増えず、いつまで経っても収入を増やせない。自分は給料を超えるような副収入をつくりたいのに」

こういった意見もよくわかります。ご安心ください。実際に戸建てや小さなアパート経営からはじめて、数年で月数百万円の家賃収入を得ている不動産投資家はたくさんいます。

なぜなら不動産投資は、金融機関から融資を調達して物件を買うことができるからです。**自分の資金は月数万円ずつしか積みあがらなくても、優良物件を所有し多くの資金を生み出すことで、金融機関からお金を借りやすくなれば、より大きい規模の不動産を購入することができるようになります**。

そう、これが先ほどお話しした「レバレッジ効果（テコの原理）」です。このレバレッジ効果は、不動産投資を早くはじめればはじめるほど、その将来的な効果は高まっていきます。だからこそ最初は月3、4万円の家賃収入しかなかった人が、数年後には月100万円の家賃収入を得ていたりするのです。とても夢のある話だと思いませんか。

次項からは、銀行から融資を調達しレバレッジ効果を高めるための方法をお話しします。キーワードは「実績」「自己資金」「担保力」です。

05

「実績」「自己資金」「担保力」をつくって、スケールアップしよう！

規模を拡大するためには、金融機関からの融資が不可欠です。金融機関から融資をしてもらえる投資家になるために、必要な要素を見ていきます。

あなたが金融機関の職員だったら、どんな人に貸したいか？

あなたが金融機関の職員だったとしたら、どんな人にお金を貸したいと思いますか？

もちろん、「ちゃんと返済をしてくれる人」に貸したいと思いますよね。これは、貸したお金を無駄使いしないという人間性はもちろんのこと、事業をしっかり黒字にして、返済できる能力があるということです。また、すでに**現金をたくさん持っている人にも貸しやすい**と思うはずです。現金を持っているなら、いざとなったらまとめて返してくれそうですからね。同様に、現金じゃなくても、**資産が多い人にも貸しやすい**はずです。

ということは、融資を受けやすい人とは次のような人が該当します。

P POINT

❶大家としての実績が豊富 例 ベテラン不動産投資家
❷自己資金が多い 例 資産家、富裕層
❸自己資金以外の資産（担保力）がある 例 地主

物件を持っていない人でも融資は受けられる！

「じゃあ、まだ不動産投資をはじめてもいないし、自己資金も資産もない自分は融資を受けられない？」と思う人もいるかもしれませんが、そんなことはありません。

もちろん、**最低限の自己資金（物件価格の１～２割）は必要になりますが、自分の年収などの属性を使って融資が受けられます**。特にサラリーマンだと、給与という継続収入があることで、金融機関はお金を貸しやすいと判断します。年収や自己資金が多かったり、医者や士業、公務員、そのほか上場企業勤務だったりするとより多額の融資が受けやすくなります。

リフォームローンでつきあいをつくる

また、年収などが低くて融資が使えない場合でも、戸建てなどの物件を現金で買うことはできます。戸建てだと、場合によっては１００万円以下で買えることもあるので、現金で買う人もいます。

そして、**物件は現金で買ってリフォーム費用だけ融資を受けるという方法があります**。これならすでに不動産を持っているので、比較的融資が受けやすくなります。

このようにして、まずは金融機関とつきあいをつくり、返済の実績を積んでいくことで、次からはより高額の融資を受けられるようになります。

「実績」「自己資金」「担保力」をつくる方法

小規模な物件でも、運営実績を積む

少しでも融資を受けやすい投資家になるためには、まずは少額のものでも物件を購入し、大家としての実績を積んでいくことが必要です。そして買ったらできるかぎり早く満室化し、次に融資を申し込むときはそのことをしっかりアピールしましょう。そうすることで、自分の大家としての能力を金融機関に認めてもらうことが重要です。

また法人をつくって、法人名義で物件を買い進めていくことも有効です。金融機関によっては個人に融資額の上限を設けている場合がありますが、法人なら限度額はありません。特に3期連続で黒字の決算書が提出できると、融資が受けやすくなります。

法人については、設立費用がかかったり、所得がなくても法人住民税が課せられたり

という デメリットもありますが、どんどん物件を増やしたいという人にとっては、法人の実績が長いほうが金融機関から評価されやすくなるので、費用倒れしない程度に、早めに設立することをお勧めします。

月のキャッシュフローを貯めて、資金を築く

また、そうやって満室で運営ができていれば、本業や給料だけで貯金するよりも、格段に早く自己資金をつくることが可能になります。収入が増えたからといって消費に充てたりすることなく、しっかり次の投資への資金として貯めていきましょう。

場合によっては所有している物件を売却して、売却益で自己資金をつくるのも効果的です。

返済が進めば、物件の担保余力が上がる

そして、返済が進んでいくと、自ずと物件の担保力が上がっていきます。
たとえば評価額が２０００万円の物件があったとして、その残債が１０００万円ま

で減れば、単純計算で1000万円分余力が生まれることになります。そうなると、借りられる金額がアップするのです。

はじめるのが早ければ早いほどいい!

ここまでお話ししてきた実績、自己資金、担保力。この3つは、**はじめるのが早ければ早いほど有利に**なります。

黒字で運営できているという条件では、実績は長ければ長いほど評価が高くなります。また自己資金も、早く開始するほど家賃収入の積みあがりが大きくなり、ローンの残債も返済期間の長さに応じて減っていきます。なので1日でも早くスタートをすることが、スケールアップには極めて重要なのです。

たまに、購入物件の条件をかなり厳しくして、本当にいい物件しか買わないという人がいます。極力リスクを抑えるという意味では正解ですが、そうやって**いつまで経っても物件を買えないでいるのなら、多少妥協したとしても早く物件を買ったほうがスケールアップできます。**

利回り10%⇓3年後利回り14%

具体例で考えてみましょう。

物件価格が3000万円で利回り10%の物件なら、年間家賃収入は300万円です。ですから、この物件を1年後に2700万円、2年後に2400万円、3年後に2100万

実績、自己資金、担保力　のイメージ

ポイント❶ 実績
大家としての賃貸経営歴。
特に法人で3期分の黒字決算書があると、事業用融資を受けやすい。
→ **経営歴は長ければ長いほどいい！**（もちろん儲かっていないとダメ）

ポイント❷ 自己資金
現金、株式、生命保険等の金融資産。
毎月のキャッシュフローや、売却益で創出。
→ **資金は多ければ多いほどいい！**

ポイント❸ 担保余力
物件の評価額－『残債』
→ **残債は減っていれば減っているほどいい！**

円で買った場合、単純計算すると、最終的な収入は同じになります。2100万円で買った場合の利回りは14%を超えますが、それならば3年前に利回り10%で買ったほうが、長く実績を積むことができます。

もちろん、実際には空室や経費が発生するのでこのとおりにはいかないですが、早くはじめることのメリットは感じてもらえると思います。実際、不動産投資ははじめてから学ぶことのほうが多いので、そういう意味でも、少しでも早くスタートしましょう。

100点の物件を何年も待つより、80点の物件ですぐにスタートです。1日でも早く大家デビューして、目標に近づきましょう！

06 著者３人の購入実績を大公開！

「どんな物件を買ったらいいのか自分なりにわかってきたけど、みんなは具体的にどんな物件を買っているの？」次のステップで、多くの人が持つ疑問です。

そこで、**著者３人がどんな物件を購入してきたか、その実例をお見せしたいと思います！**　まだ物件を持っていない人は、ここでお見せする物件をぜひ参考にして、イメージを膨らませてください。

ここまでお話ししてきた内容を、物件選びの考え方、金融機関の選び方、さらには運用していく上での考え方など、３人ともそれぞれに物件を持ちながら学び次につなげています。これだ！　というやり方というよりも、フレキシブルに考える対応力を感じて、あなたの不動産投資の第一歩に役立ててください。

林の場合
中古アパートのほか、新築で賃貸併用住宅も

❶日本政策金融公庫で中古アパート購入

2018年に、築24年、利回り13%の木造アパートを買いました。群馬県にある物件で、2DK×10戸のファミリー向けアパートです。

単身者は入れ替えが多いので、私は狭い間取り（ワンルームなど）よりは広い間取りが好きです。

入居者のターゲットを見ても、広い部屋に住みたい単身者はいても、狭い部屋に住もうとするファミリーはいません。

日本政策金融公庫で融資を受け、期間15年、金利1・6％という好条件でした。月キャッシュフローは12万〜13万円であまり多くはないですが、毎年残債が200万円以上減っていくので、どんどん担保力が上がっていく物件です。

②ノンバンクで中古アパートを購入

また2019年に買ったのは、築30年の木造アパートです。千葉県千葉市にあり、利回りはこちらも13％ほど。間取りは2K、2DKで、ファミリーでも単身でも対象になるような広さです。

こちらはノンバンク（融資など与信業務に特化した金融機関）で融資を受け、期間30年、金利3・9％という条件でした。金利が高くて残債はなかなか減らないですが、月15万〜18万円のキャッシュフローを稼いでくれています。

③ 実はスタートは賃貸併用住宅

今は1棟アパートばかり買っていますが、実は最初に買ったのは賃貸併用住宅でした。自宅半分、賃貸部分半分という物件です。場所は神奈川県の某ターミナル駅から徒歩5分。かなり割安な土地を自分で見つけて、そこに新築で建てました。**自宅部分が半分以上あると、通常の住宅ローンで融資を組めるので、融資期間35年、金利0・6%という好条件**でした。

キャッシュフローはほとんどありませんでしたが、新築の家にタダで住めて、住宅ローン控除（税額軽減の制度）を受けられて、かなりいい生活ができました。

引っ越す事情があり売却してしまいましたが、

※土地値が相場5,000万〜6,000万円のところ、3,600万円で購入。土地の形が悪かった（旗竿地）のと、売主の業者が戸建てしか建てられない土地と勘違いして安く売りに出されていた。

１０００万円以上の売却益を得られたので、最初の投資としては上出来だったと思います。正直、新築の賃貸併用住宅からはじめるのは、王道ではありません。それでも、割安な物件を買うことができたので、しっかり利益が残せたのはラッキーでした。

辻の場合　首都圏に、中古アパートを購入。土地値も意識！

❶地銀で築15年の中古アパート購入

最初の１棟目は、２０１７年に神奈川県内に築15年、利回り約10％の中古アパートを購入しました。このアパートは、まだ築浅にも関わらず、物件価格が相場よりも割安だったため購入しました。割安で売りに出ていたのは、売主が高齢で賃貸経営に疲れたので、早期売却したいという理由があったためです。

同エリア、同規模のアパートで利回り10％以上のアパートを探すと、だいたい築25～30年が目立ちますが、本物件はそれに比べると築年数が浅いので、仮に10年保有したとしても購入価格と同額程度で売却が可能と見込んでいます。

また、築浅物件の場合、今後家賃が低下する可能性も考えられますが、本物件の場合は家賃が相場よりも低い状態となっていたため、購入後は逆に家賃を上げて入居が決まりました。家賃を上げられたことで、売却時に同じ10％の利回りで売却したとしても、売却益をねらえる物件になりました。

❷日本政策金融公庫（融資期間20年）で中古アパート購入

2018年には、埼玉県内に築30年、利回り約11・5％の中古アパートを2棟一括で購入しました。融資は日本政策金融公庫で、当時としては珍しく融資期間20年で融資を受けることが

できました。日本政策金融公庫の場合、ひと昔前は融資期間20年も多くありましたが、2020年現在では、基本10年、最大でも15年が目安になります。そのような状況の中で、**事業計画書をしっかりと作成してアピールしたことで20年となりました**。

こちらの物件は購入時に10室中3室が空室でしたが、購入後は地元の管理会社と協力し、1部屋あたり家賃を2000円アップして入居が決まりました。日本政策金融公庫からいい条件で融資を利用することができたので、本物件で月17万円程度のキャッシュフローを稼いでくれています。

❸ノンバンクで高積算の中古アパート購入

2020年には神奈川県内に築23年、利回り約12%の中古アパートを購入しました。この物件の特徴は、**土地の相続税路線価＞物件価格と土地値が高く、かつ利回りもよかったため購入**しました。

この物件を購入したことで、自分の資産バランスが整理

され、今後の規模拡大のために融資を受けやすい財務体質をつくることができました。

この物件は日頃から連絡を取りあっていた不動産仲介の担当者に、市場に出回る前に特別に紹介してもらいました。**連絡をもらってその翌日に現地に行き、その場で買付証明書（購入の意思を表す書面。詳細は136頁参照）を提出した**ことで無事に購入することができました。

冨治林の場合

高利回り物件を購入。首都圏だけじゃなく関西にも！

❶地銀で高積算の中古アパート購入

2018年に、築約25年、利回り約10％の不動産を購入しました。神奈川県にある、同じ敷地にアパート、戸建て、倉庫がある特殊な不動産です。こちらの特徴は、**土地の公示価格が**

6500万～7500万円なのに対し、購入価格は5500万円と土地の公示価格より安かった点です。

何度か差し入れをして、親密になった不動産仲介の担当者に、特別に紹介してもらいました。融資についても、はじめは融資が受けられるかどうか際どい案件でしたが、金融機関に何度も事業計画などを説明したことで、最終的に好条件での融資承認となりました。

❷地方で高利回りの中古アパート購入

2019年に築40年ほど、利回り約30％の不動産を購入しました。滋賀県にある全部屋空室＋ボロボロのアパートです。こちらの特徴は、**積算価格よりも安い価格で購入できたうえに、利回りが驚異的に高い点**です。

こちらは、投資用物件としてではなく、土地として市場に出回っていたものを、ネットサーフィンで偶然見つけた

ものです。売主さんがアパートとして売却する予定ではないことがわかったので、解体した場合にかかる費用などを理由に、最終的に40％ほど値引きしてもらいました。

❸約120枚の提出資料（事業計画など）で好条件融資をゲット！

2019年に、埼玉県にある築35年ほど、利回り約25％の高利回りアパートを購入しました。

こちらの特徴は、高利回りのため買付証明書は多く出されていたものの、売り出し時点で10室中6室が空室、かつ積算価格＜売却希望価格だった点です。そのため融資が通りづらく、購入できる人がなかなか見つからなかった物件でした。

そこで、日本政策金融公庫に約120枚の資料を提出し、事業の安全性を猛アピールしました。その結果、

融資承認となっただけでなく、当初２％程度といわれていた金利は、０・８％にまで下げてもらいました。

購入価格についても、当初の価格から20％ほど減額してもらうことができ、最終的に、25％という驚異的な高利回りを実現することができました。

地道にやれば、目標に近づける

このように、３人とも築古のアパートを中心に買い進めていますが、必ずしも誰もがほしがるようなお宝物件ばかり買えているわけではありません。それでも、毎月安定した家賃収入を得られていて、目標に向かって順調に規模拡大できています。

特別なことをしなくても、**計画どおりに一歩一歩進んでいけば、誰でも目標が達成できます**。自分がどんな物件を買っていきたいのか、ぜひイメージを膨らませてください。

07 不動産を取得するまでの羅針盤

さて、ここまで不動産投資をするための、さまざまな要素についてお話ししてきました。ここでおさらいをして、戦略としてまとめてみることにします。**自分で考えて戦略を組み立てることで、あなただけの「成功への羅針盤」をつくりましょう！**

まずは目標を設定する

43頁でもお話ししましたが、不動産投資で成功するための戦略を組み立てるうえで、**最初に必要なのは目標設定**です。目的地が決まっていないと、どこに向かって進んで行ったらいいのかわかりません。

そのために、なぜ自分は不動産投資をするのか、今一度考えてみましょう。それによって、あなたの目標は大きく変わってきます。

「周りの人がこう言っていたから」というような、何となく決めてしまった目標だと、ちょっと大変なことや嫌なことがあっただけでモチベーションが維持できず、長続きしません。**自分の夢や将来設計にあった自分だけの目標を設定しましょう。**

私たちの仲間には、「5年後に海外の大学に留学するため、月50万円のキャッシュフローを築く」という目標を立てている人がいます。留学自体にかかる費用は給料で貯金するとして、月50万円の手取りがあれば、留学中の生活費としては十分です。

また、「35歳までに月キャッシュフロー30万円を達成し

羅針盤の例　目標

その1.(給料並みの収入)

目 標
● 3年後までに、月のキャッシュフロー40万円を達成！ ⇒ アパート 3〜4棟が目安

その2.(借金なし)

目 標
● 2年後までに、借金なしで、月のキャッシュフロー10万円を達成！ ⇒ 築古戸建て 2〜3棟が目安

て、沖縄の離島に移住したい」という人もいます。それだけキャッシュフローがあれば、移住先でしばらく仕事が見つからなくても安心です。

目標から逆算したら、どんな物件をどれだけ買うべきか見えてくる

目標が決まれば、自ずと買うべき物件が見えてきます。

数年以内に、給料以上のキャッシュフローを得たいと思うなら、融資を利用して一棟アパートやマンションを買う必要があります。たとえば、月15万円のキャッシュフローを生んでくれるアパートを3棟買うと、単純に税金などを考えなければ月に45万円、平均のサラリーマンの月収を超えた収益が得られます。1棟3000万～4000万円

目的別の物件事例

・月数万円のお小遣いが欲しい ・年金代わりの収入を作りたい ・数百万円の売却益を得たい	→	区分マンション、戸建て
・給与収入を超えるキャッシュフローが欲しい ・数千万～数億円の資産を築きたい	→	一棟アパート 一棟マンション

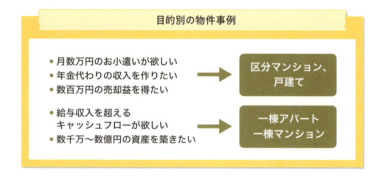

の融資だとすると、合計でおよそ1億円の融資です。

一方で、月5万円のキャッシュフローで足りるのであれば、わざわざ億単位の借金をする必要はありません。数百万円の区分マンションや戸建てを現金やローンで買っても、十分達成できます。

「目標」から「行動」に移すために、期間を決めてノルマを設定する

目標を決めて、買うべき物件が見えてきたら、**年・月などの具体的な期間を定めて、ノルマを設定する**ようにします。最初に「年に○棟物件を買う」と年間のノルマを立てたら、より単位の小さい月単位のノルマ、「月○件買付証明書を提出する」というように大きな枠から決めていきます。

羅針盤の例　年のノルマ

その1.（給料並みの収入）

年のノルマ
● 年１棟以上、アパートを購入

その2.（借金なし）

年のノルマ
● 年１戸以上、築古戸建を購入

長期的な目標だけだと、どうしてもモチベーションを維持することが難しくなります。目標までの進歩を感じるためにも「年に○棟物件を買う」というノルマが達成されれば、着実に成長していることを感じられますよね。

「○棟物件を購入するために、月○件買付証明書を提出する」と決めて、毎月着実に買付証明を提出していれば、たとえ物件が買えなかったとしても、徐々に物件を購入するイメージが湧いてきます。

毎日の習慣に落とし込む

目標⇓ノルマから逆算して日々の行動指針まで定めることができたなら、最後は「習慣に落とし込

羅針盤の例　月のノルマ

その1.(給料並みの収入)

月のノルマ

- 月１件以上、買付証明書を提出
- 月２社以上、仲介会社を開拓
- 月１回以上、金融機関を訪問

→ とにかく実践あるのみ

その2.(借金なし)

月のノルマ

- 月２件以上、資料請求
- 月１件以上、内覧
- 月２回以上、不動産屋を訪問
- 毎月、大家仲間とのコミュニティに参加

→ 情報収集に力を入れる

む」ことが大切です。

具体的に、**毎日必ずやらなくてはいけないのが「物件情報の確認」**です。不動産のポータルサイトには、毎日新着情報が掲載されますし、不動産仲介会社のメルマガに登録すると、毎日のように物件情報が届きます。このなかから、希望する条件を絞り込み、詳細な部分に目を通す習慣を身につけましょう。

ではなぜ、毎日チェックが必要なのでしょうか？「そんなに毎日見なくても、たまに見て、そのとき掲載されているものから選べばいいのでは？」と思う人もいるかもしれません。しかし、実際に目を通す物件情報のうち、「買ってもいいな」と思えるものは、全体の10％ほどです（人によっては、もっと少ないです）。さらに、具体的に融資が受けられそうなものは、その中の約10％。「よし、融資

羅針盤の例　毎日の習慣

その1.（給料並みの収入）	その2.（借金なし）
毎日の習慣	毎日の習慣
●ポータルサイトの新着情報を３件以上確認 ●業者からのメルマガを欠かさずチェック	●SUUMOやアットホームなどの新着情報を10分以上確認 ●大家仲間との情報交換に積極的に参加

も受けられそうだ」と買付証明書を提出したとして、実際に購入できるのは、そのさらに10％以下です。ということは「10％×10％×10％＝0・001」で1000分の1、つまり**1000件見てやっと1件購入できるかどうか**という計算になります。

毎日10分チェックすることを習慣化する

「1000件見てやっと1件購入できるかどうか」と聞くと、ものすごく大変に思うかもしれません。ですが、**毎日新着情報を3件見るだけで、1年で1000件を超えます**。新着情報をチェックするだけなら、じっくり確認したとしても1日10分で十分です。実際には、毎日何十件と新着情報が出てきますが、慣れてしまえば1件30秒ぐらいで確認できるようになります。

何年も経験を積んで、仲介会社とつきあいができていれば、毎日チェックしなくてもいい物件情報をもらえるようになったりします。それまでは地道な努力が必要ですが、**たった1日10分で月何十万円もの収入が得られるなら、費用対効果は高い**はずです。

生の情報は不可欠

不動産の市況や融資の情勢は、日々変化していきます。毎日物件情報を見ていれば、「利回りの高い物件が増えてきた」といった相場観が肌でわかるようになります。仲介業者や大家仲間と定期的に情報交換をしていれば、「○○銀行の融資が厳しくなった」というような話も入ってくるでしょう。

そういった**最新の情報に対して常にアンテナを張り、自分の中でアップデートすることが必要**です。そのためには、「月○回は仲介会社を新たに開拓する」「毎月大家仲間とのコミュニティに参加する」といったノルマを設定することも有効です。

できあがった「羅針盤」で、航海に出よう！

ここまでのことを踏まえると、投資戦略の組み立て方は、**「目標を設定し、逆算して買うべき物件を決め、日々の行動指針を定める」**ということになります。

投資戦略が決まってしまえば、あとは行動あるのみ。泥臭く行動していれば、必ず結果がついてくるので、しっかり戦略を練りましょう。**ここでつくった投資戦略は、不動産投資を成功に導くあなただけの羅針盤**です。ぜひこの羅針盤で、不動産投資というあなたの航海を成功させてください。

とはいえ航海には、羅針盤だけではなく船やオールなどの道具も必要です。次の章からは、道具となる不動産投資の具体的な知識やノウハウについてお話していきます。

第2章

迷わない不動産の買い方

目標が決まったら、達成するための物件を探しましょう！


第2章では、実際に不動産を買う方法についていて学んでいきます。

インターネットで物件を探す方法、不動産仲介会社から物件の紹介を受ける方法、さらには物件の資料の見方についても、しっかりお話しします。

そして、その見つけた物件の見極めに必要な賃貸需要や家賃相場の調べ方、購入意思を示す買付証明書の提出方法についても見ていくので、購入までの流れをバッチリつかんでください。

あなたの目標にあった、素敵な物件を見つけていきましょう！

01

ポータルサイトで物件を探す！

不動産を取得するまでの羅針盤が決まれば、いよいよ不動産を探していきます。その第一歩は、**「ポータルサイトで探す」**です。ポータルサイトとは、**複数の不動産仲介会社が物件情報を登録している、物件探しの入口となるサイト**のことです。

このポータルサイトを有効に活用することで、さまざまな物件情報を効率よく見つけることができます。ここでは、各ポータルサイトの特色を理解するとともに、実際にポータルサイトを活用して物件を探す方法をお話しします。

ポータルサイトの特色を知る！

ひとえにポータルサイトといっても、不動産を扱うポータルサイトの種類はさまざまです。代表的なポータルサイトとしては下図のようなものがあります。

投資家向けのサイトの特色

投資家向けのサイトとして代表的なのは、「健美家」「楽待」「不動産投資連合隊」です。これらのサイトの特色は、**物件の収益性がすぐにわかるように、利回りがトップに掲載されています。**投資家は利回りを物件選びの基準のひとつとしているので、**利回り○○%以上という設定で検索もできる**ようになっています。

また、これらのサイトには、マンションやアパートといった一棟物件、ワンルームなどの投資用区分マンションが多く掲載されています。もちろん、ファミリー用の区分マンショ

代表的な不動産物件を扱うポータルサイト

投資家向け	実需向け
健美家 https://www.kenbiya.com/	Yahoo! 不動産 https://realestate.yahoo.co.jp/
楽待 https://www.rakumachi.jp/	SUUMO https://suumo.jp/
不動産投資連合隊 https://www.rals.co.jp/invest/	不動産情報サイト アットホーム https://www.athome.co.jp/

ンや戸建、土地も掲載されていますが、数は多くありません。**一棟物件を探している人は、まずはこれらのサイトを確認する**ことからはじめましょう。

実需向けのサイトの特色

「Yahoo!不動産」「SUUMO」「不動産情報サイト アットホーム」は、主に実需向けのサイトとなります。**実需向けのサイトは、投資用ではなく、主に実際に自分が住む家を探す人が検索**しています。そのため、利回りなどが掲載されていなかったり、あっても小さく書かれていたりします。

自分が住む物件を探すためのサイトなので、掲載されている物件の種類としては、区分マンションや戸建て、土地が多く掲載されています。逆にいう

ポータルサイトの特色まとめ

	投資家向け	実需向け
主なサイト	・健美家 ・楽待 ・不動産投資連合隊	・Yahoo! 不動産 ・SUUMO ・不動産情報サイト アットホーム
掲載物件の種類	一棟マンション・アパート ワンルーム区分マンション	ファミリー向け区分マンション 戸建て、土地
利回りの表記	◎	△(無い、または小さい)
割安な物件の量	○	◎

と、マンションやアパートなどの一棟物件はほとんど掲載されていません。**区分マンションや戸建てを買いたい、新築アパート用の土地を探したいという人は、これらの実需向けのサイトを確認してみましょう**。

実需向けのサイトの面白いところは、**相場よりも安く売り出されている、お宝物件を見つけられる**ことです。毎日見ていると、建築年数が経ってボロボロの格安になっているいわゆる築古物件に出会うことがあります。これは、そういった物件をリフォームするノウハウが一般の人にはないので、投資家向けのサイトよりも割安な物件として掲載しているからです。そういった物件を見つけ出し、大家の力で蘇らせることで、利回りの高い物件や売却益が多く取れる物件に生まれ変わらせることができます。

実践❶ ポータルサイトで物件を探すときのポイント

それぞれのポータルサイトの特色を理解したら、実際に自分の投資手法にあったポータルサイトで物件を探していきます。その際、ただ闇雲に探しても物件情報が多すぎて効率が悪いだけです。**自分の投資基準を明確にし、その条件をポータルサイトの検索条件に設定**することで、効率よく物件を探していきます。検索条件として、少なくとも次の3点は事前に決めておきましょう。ほかにも条件はいろいろとありますが、最低この3点を決めておくことで、効率がグッとよくなります。

❶対象エリア
自分が使いたい金融機関が融資してくれる地域かどうか、また土地勘があるか。

❷対象物件
一棟物件なのか区分マンションなのか戸建なのかそれとも土地なのか。自分の目標から逆算して、買うべき物件を選ぶ。

例
給料以上の収入が目標なら「一棟物件」、月数万円のお小遣いでいいなら「区分マンション」や「戸建て」を選ぶ。

❸価格帯
利用可能な自己資金から逆算する。融資を受ける場合、最低でも物件価格の1~3割の自己資金が必要になる。

例
自己資金が300万円なら、価格帯は1000万~3000万円になる。

こうして物件検索をはじめてみると、地域によって、価格や利回りがさまざまであることに気がつきます。まずはひたすら物件情報を確認していきますが、**最初の間は慣れていないので、１物件あたり10分程度かけて、じっくり確認してみましょう**。繰り返し見ていると、確認すべきポイントがだんだんとわかってきたり、「この利回りだと割高だ」など、ひと目見て物件の取捨選択ができるようになったりします。

そうすると、最初は10分かかっていたものが、5分となり、1分となり、30秒となっていきます。1物件あたり30秒で確認できるようになれば、**1日10分ポータルサイトを確認するだけで、20物件確認することができます**。1カ月だと600物件、1年間だと7200物件も確認できることになります。

大事なことは、**毎日確認する習慣をつけること**です。そうすると、自然と物件を見極める力が鍛えられます。慣れてきて、ある程度相場観が身についたら、検索条件に「利回り」「建物構造」などを入れて検索するのもいいでしょう。毎日確認していると、「お、これは安い！」という物件が急に現れたりするので、継続することを心がけましょう。

実践❷ メール通知や物件紹介を活用しよう！

どうしても、**毎日ポータルサイトを確認する時間がない人は、メール通知機能を有効に活用**しましょう。事前に希望条件を登録することで、その条件にあった物件が出たときに「物件情報」がメールで通知されるので、検索の手間が省けて便利です。

また健美家や楽待では、自分の属性（職業、年収、自己資金など）と、希望する物件の条件を登録しておくと、それにあう物件を、**不動産仲介会社から直接提案してもらうこともできます**。この場合、売主の都合などで大々的に周知することのできない、**「非公開物件」の紹介も受けられることがあります**。

ただし、不動産会社は登録されている投資家の属性を見て、どの人に物件を紹介するかを決めているため、その「見せ方」を工夫する必要があります。

では、具体的にどのようにすれば、不動産仲介会社から紹介を受けやすくなるのでしょうか。それには、**物件をちゃんと購入できる人だと思われることが絶対条件**です。

大きく「自分の属性に関すること」「物件の希望条件に関すること」を意識して、各項目をポータルサイトに登録しましょう。では次項で具体的に見ていきます。

実践❸ 「自分の属性に関すること」を登録する

一般的に、自分の名前や住所、職業などを登録しますが、特に重要なのは次の2点です。

❶ 自己資金　❷ 年収

❶ 自己資金

嘘をついて多く見せることはいけませんが、自分が集められるできるかぎり多い金額を登録しましょう。株式や生命保険などの金融資産があれば、その時価をプラスしたり、家族の貯金や身内から資金を借りられる場合はそれをプラスしてもいいでしょう。

❷年収

昇進などで、その年に増加する予定分程度は、上乗せして記載しても問題ありません。また配偶者がいる場合は、配偶者と合算した年収を記載することも可能です。すでに家賃収入がある場合は、給与と家賃の合算を記載することもできます。

実践❹ 物件の希望条件に関すること

ここでは、物件の種別や所在地など、物件の希望条件を登録します。

あまりにも**市場の相場とかけ離れた条件を書いていると、仲介会社に相手にしてもらえません**。たとえば東京23区内で利回り15%以上の物件を希望しても、そんな物件はほとんどありません。もし高利回りの物件を希望するのであれば、地方のライバルの少ない地域を登録するようにしましょう。

また、**仲介会社が提案したくなるようなコメントを書いておくことが重要**です。特に、以前買おうとした物件などで金融機関から融資の内諾をもらったことがある場合は、「○○銀行にて、○○万円の融資内諾実績あり」などと記載しておきましょう。融資の受けられる人と認識されて、提案を受けやすくなります。

また、「築古でも構わない」「空室が多くてもいい」など、自分が取れるリスクを書いておけば、多少問題はあるけれど割安な物件を紹介してもらいやすくなります。

コメント例　**上記の基準を上回る物件であれば、すぐにでも現地視察し、買付を入れさせていただきます。また、以前別の物件で○○銀行に融資を打診した際に、○○万円まで融資可能と回答をいただいております。**

空室が多くても埋める自信があります。多少の難あり物件でも細かいことにはこだわりませんので、利回りが高ければ積極的にご提案ください。

このように、物件を探すだけでなく、通知を受けたり、購入の提案がもらえたりするポータルサイトは不動産投資家の強い味方です。ぜひ有効に活用して、物件購入に役立てましょう。

楽待の基本情報登録画面

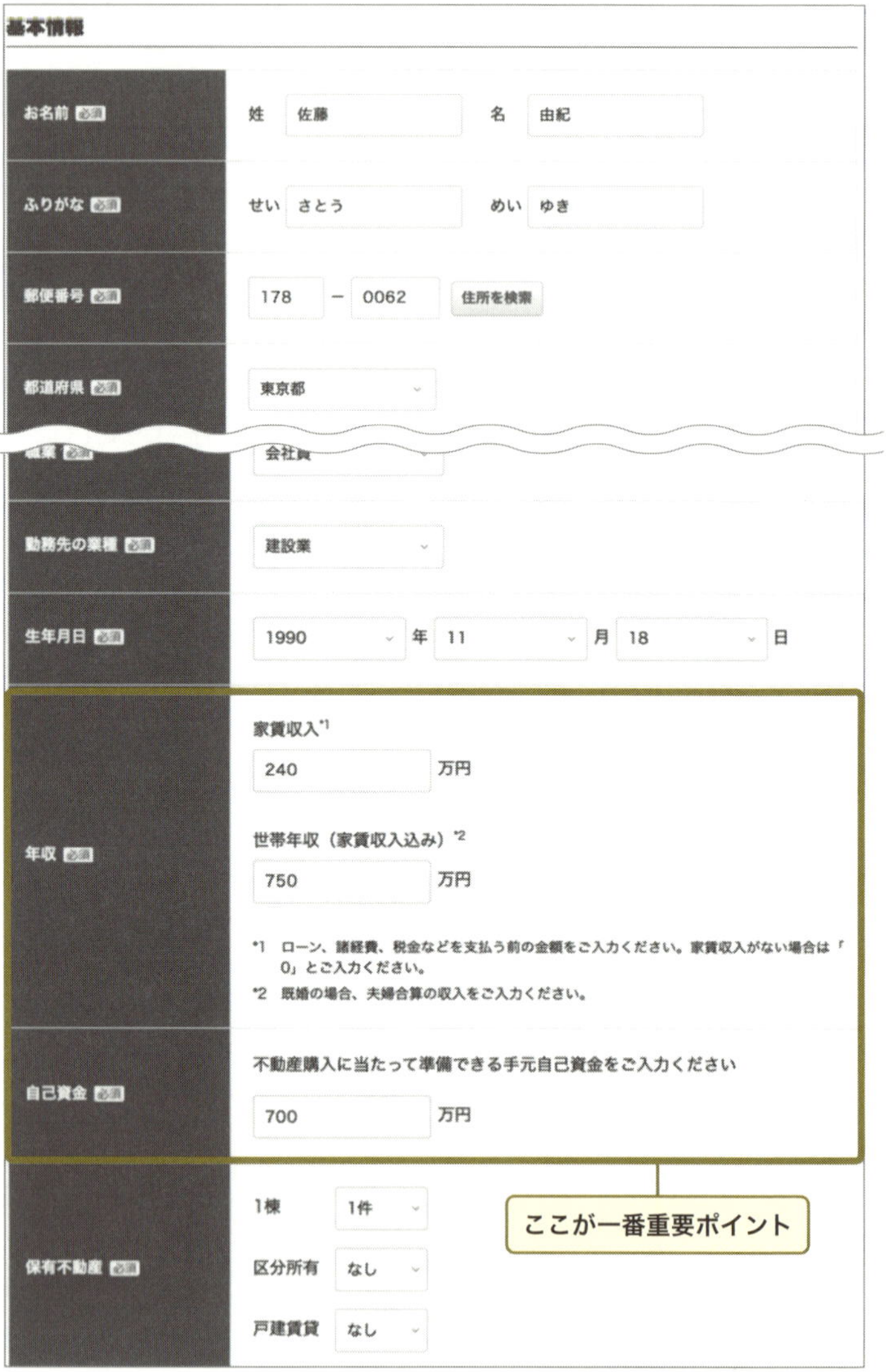
基本情報

お名前 必須	姓 佐藤 名 由紀
ふりがな 必須	せい さとう めい ゆき
郵便番号 必須	178 － 0062 住所を検索
都道府県 必須	東京都
職業 必須	会社員
勤務先の業種 必須	建設業
生年月日 必須	1990 年 11 月 18 日
年収 必須	家賃収入[*1] 240 万円 世帯年収（家賃収入込み）[*2] 750 万円 *1 ローン、諸経費、税金などを支払う前の金額をご入力ください。家賃収入がない場合は「0」とご入力ください。 *2 既婚の場合、夫婦合算の収入をご入力ください。
自己資金 必須	不動産購入に当たって準備できる手元自己資金をご入力ください 700 万円
保有不動産 必須	1棟 1件 区分所有 なし 戸建賃貸 なし

楽待の希望条件登録画面

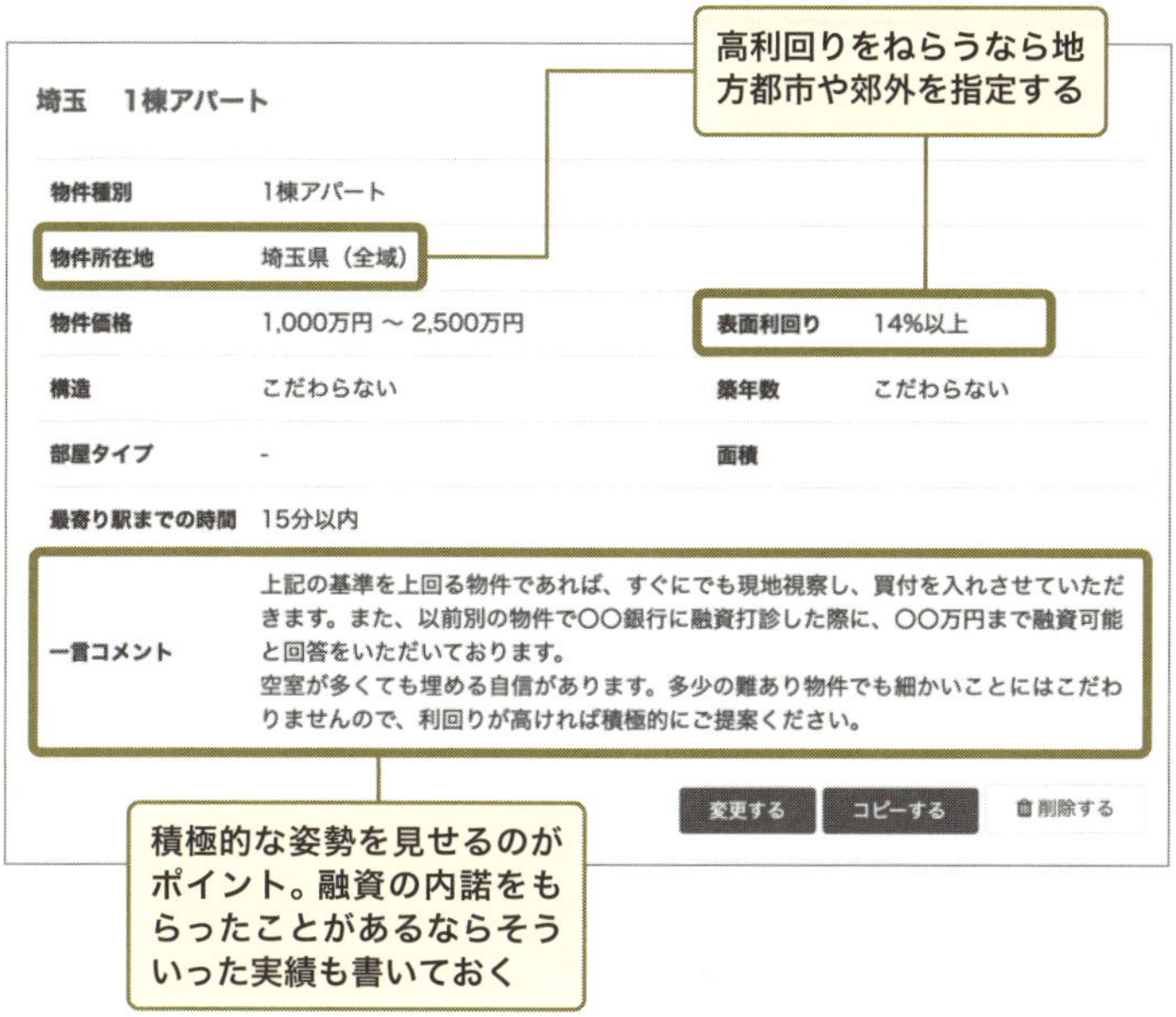

埼玉　1棟アパート

物件種別	1棟アパート		
物件所在地	埼玉県（全域）		
物件価格	1,000万円 ～ 2,500万円	表面利回り	14%以上
構造	こだわらない	築年数	こだわらない
部屋タイプ	-	面積	
最寄り駅までの時間	15分以内		
一言コメント	上記の基準を上回る物件であれば、すぐにでも現地視察し、買付を入れさせていただきます。また、以前別の物件で〇〇銀行に融資打診した際に、〇〇万円まで融資可能と回答をいただいております。 空室が多くても埋める自信があります。多少の難あり物件でも細かいことにはこだわりませんので、利回りが高ければ積極的にご提案ください。		

変更する　コピーする　削除する

02
不動産仲介会社とのかかわり方

不動産を購入するには、不動産仲介会社の力が不可欠です。**不動産仲介会社と良好な関係を築くことで、いい物件を紹介してもらえるようになります**。なかには、非公開の物件情報をいち早くもらえることもあります。

最初の一歩は「ポータルサイトから問いあわせる」

ポータルサイト上で気になる物件があれば、まずは資料請求をします。最初は資料請求をすることにもとまどいがあるかもしれませんが、**とにかく躊躇せずに資料請求をしてみましょう**。そうすると、仲介会社から資料が送られてきます。実際に資料を確認してよさそうなら、現地に物件を確認しに行きます。最初は物件を見る目を鍛えるという意味でも、資料だけで判断せずに、現地に物件確認をしに行く習慣をつけましょう。

たとえば、ポータルサイトで1日20物件確認したとすると、1週間で140物件確認できることになります。そのなかから実際に自分の目にとまり、資料請求してもいいと思える物件は、その10分の1程度です。つまり、14物件程度の資料請求をすることになります。そして現地に行くに値する物件は、さらにその10分の1程度です。そうすると、1週間に1～2件程度は現地調査に行くことになります。このペースで物件を見ていけば、自ずと物件を見る目が養われます。資料請求をしたり現地調査に行ったりすると、仲介会社の担当者と顔をあわせることになります。そこで必ず、自分が買いたい物件について相談するようにします。そうすることで、そのときに買おうとしている物件がダメになったとしても、今後物件を紹介してもらえる可能性が出てきます。

また資料請求をした際に、「今度面談しませんか」と言われることがあります。逆にこちらから提案してもいいので、とにかく会って相談する機会をつくることです。それが物件紹介を受けるための、第一歩となります。

次の一手は「仲介会社のホームページから問いあわせる」

物件情報はポータルサイトだけではありません。不動産仲介会社のホームページにも、さまざまな物件情報が掲載されています。**不動産仲介会社のホームページを定期的にチェックすることで、掘り出し物の物件を見つけられる可能性もあります**。

ホームページから問いあわせて連絡が取れるようになったら、やはり仲介会社との関係を構築するために、**積極的に会いに行ってみましょう**。

実際にさまざまな仲介会社と会うことで、次のようなメリットがあります。

!

❶ 自分の投資手法がまとまる
❷ 物件の紹介を受けやすくなる

❶自分の投資手法がまとまる

仲介会社によって、不動産投資の手法や考え方もさまざまです。というのも、仲介会社によって得意な物件の種類やつきあいのある金融機関が違います。面談に行くと、自分の職業や年収、自己資金などを聞かれ、「あなたの年収なら、○○銀行を使えるので、それで築古物件を買うのがいいですよ」と、提案してもらえたりします。**こういった話をいろいろと聞くことで、自分がどういう戦略を組み立てるべきか、その方向性がだんだんと整理されていきます**。

自分なりの投資手法がまとまってきたら、同じ考え方の仲介会社と付きあうようにすればいいのです。つまり、たくさんの仲介会社に触れたほうがいいということです。

❷物件の紹介を受けやすくなる

メールで問いあわせをしただけでは、仲介会社もたくさんのお客さんを相手しているので、数日経過すると忘れられてしまいます。これでは、せっかく仲介会社と連絡が取れるようになったのに、物件購入につながりません。そこで実際に会って、**自分はこういう条件の物件を探していると伝えて、顔と名前を覚えてもらうことが重要**です。

実際に会うことで人となりや属性がわかるので、仲介会社にしてみると物件を紹介しやすくなります。担当者は物件情報をもらったとき、「あの人なら○○銀行の融資で買えそうだな」と、お客さんの顔が浮かぶといいます。そのときに自分の顔を真っ先に思い出してもらえるよう、**本気で物件を買う気がある人間であることをアピール**します。

非公開情報をもらう7つの方法

物件が非公開になる理由はさまざまです。たとえば、売り急いでいて安くてもいいから買えそうな人だけにアプローチしたいとか、先祖代々所有していた土地を売るので人に知られたくないとか、売主側の事情であることが大半です。または、**そもそも公開しなくても売れる物件（いい物件）なので、信頼の置ける人だけに紹介する**という場合もあります。すべてがいい物件とはかぎりませんが、やはり公開物件よりは割安であることが多いのは確かです。

ここでは、**仲介会社から非公開情報を教えてもらうための7つのポイント**をお教えします。このポイントを押さえておけば、非公開情報を教えてもらいやすくなります。

POINT

❶不動産仲介会社はビジネスパートナーと認識する
❷自分は客だからと偉そうにしたりせず、謙虚な姿勢で臨む
❸物件を提案してもらったら、必ず1日以内に回答をする
❹あまり細かいことにはこだわらない。細かいことにこだわりすぎると面倒な客だと思われ、相手にされなくなる
❺明確な基準を持ち、断る場合ははっきりと理由を説明する
❻自分の基準にあう物件であれば即行動して即判断。現地調査から買付までをスピーディーに行う
❼いいと思ったら、すでに買付が入っていても構わず買付を入れる！

見ればわかると思いますが、**不動産投資にかぎらず、いい人間関係を築くのに必要なことばかり**です。ところが、これがきちんとできている投資家は割と少ないです。連絡や行動は早くする、相手が面倒に思うことはしないなど、意識するだけでできることばかりなので、ぜひ心がけてみてください。

3人が仲介会社と関係づくりをした方法を紹介

それではここで、著者の3人がどのようにして仲介会社と関係を構築し、どんなつきあい方をしているのか、その実例をご紹介いたします。ぜひご自身のこれからの投資活動の参考としてください！

林の場合 自分の希望条件、属性を知ってもらう！

私の場合、ポータルサイトで資料請求をし、そこから仲介会社と連絡を取るようにし

ています。ここで**特に注意している点は、「❶自分の希望条件をしっかり伝える」「❷自分の属性を知ってもらう」の2点**です。

資料請求をしてメールでやり取りしている段階から、「今回の物件にかぎらず、○○のエリアで、利回り○○％以上の物件を探しています」と伝えるようにしています。

また**面談の前に、自分の職業、年収、自己資金、家族構成などを書いたプロフィールシートを提出**しています。

そうすることで、事前に相手が自分の属性を承知してくれるので、話がスムーズに進むという効果があります。しっかりとプロフィールシートを作成していることで、本気で不動産投資に取り組んでいるということをアピールするというねらいもあります。希望条件なども書いておけば、面談の際に、資料請求したものに加えて違う物件も紹介してもらえたりもします。

なお、**プロフィールシートには、自分の出身地や学歴、趣味なども記載する**ようにしています。不動産投資には直接関係のない事項ですが、相手も人間ですから、そういったところで話が盛りあがり、良好な関係を築くきっかけになったりします。

プロフィールシートの例

ちょっとした話のネタになる

フリガナ	サトウ ユキ		お住まい	賃貸(一戸建 / 住宅ローン 無)				
氏名	佐藤 由紀		生年月日	H2年11月18日 30歳	残高	0万円	残期間	0年
住所	〒○○○-○○○○ 東京都練馬区大泉町××-×× メゾンカタクリ102					携帯番号	080-××××-××××	
連絡先	メールアドレス	xx@xx-xxx.co.jp	出身地	東京都練馬区	趣味	ピアノ、山登り	出身大学	○○女子大学

勤務先	会社名	株式会社○○○	所属部署	経理部	勤続年数	7年
	職種	事務	役職名		定年	60歳
	住所	〒○○○-○○○○ 東京都千代田区神田猿楽町××-××			電話番号	03-×××-××××

給与年収額	平成 31 年 550 万円	平成 30 年 500 万円	平成 29 年 500 万円
不動産収入	平成 31 年 210 万円	平成 30 年 200 万円	平成 29 年 120 万円

家族構成

氏名	続柄	生年月日	同居	住所	連帯保証人	勤務先	年収
佐藤 晋三	父	S32.3.1	有	同上	可	○○商事	1,000 万円
佐藤 江梨子	母	S37.1.13	有	同上	不可		万円
佐藤 和子	姉	S63.10.27	無	東京都文京区本郷×××-××	不可	○○病院	600 万円
			有・無		可 不可		万円
			有・無		可 不可		万円
			有・無		可 不可		万円

資産内容

〈保有不動産〉※自宅を含む

物件種別	所在地	間取り	構造	築年月	購入時期	購入価格
① アパート	埼玉県川口市××-××	1K×6戸	木造	H1	H29.7	2,000 万円
						万円
						万円
						万円
						万円
					合計	2,000 万円

年収、自己資金、連帯保証人の有無などによって、「どこの金融機関が使えるのか」仲介会社が見繕ってくれる。

〈上記不動産の借入:家賃収入状況〉

借入先(銀行・etc)	借入時期	借入期間	残期間	利率	借入金額	年間:返済額	借入残高	年間:家賃収入	年間:CF
① ○○銀行	H29.7	15年	13年	1.80 %	1,700 万円	130 万円	1,500 万円	240 万円	100 万円
②			年	%	万円	万円	万円	万円	万円
③			年	%	万円	万円	万円	万円	万円
④				%	万円	万円	万円	万円	万円
⑤				%	万円	万円	万円	万円	万円
合計					1,700 万円	130 万円	1,500 万円	240 万円	100 万円

その他借入(カーローン・etc)	借入金額	年間:返済額	借入残高	備考
① 無し	万円	万円	万円	
②	万円	万円	万円	
③	万円	万円	万円	
合計	0 万円	0 万円	0 万円	

金融資産等	金額	備考
預金	300 万円	○○銀行、○○信用金庫
株(国債、投信)	100 万円	○○証券
保険	30 万円	○○生命、○○変額保険
財形	200 万円	
その他(外貨)	50 万円	
	万円	
合計	680 万円	

詳細に書くことで、別の案件を紹介してもらえるきっかけになる

取組方法

自己資金額	500 万円	〈購入希望物件・条件〉 利回り12%以上 積算評価額(相続税路線価)が売価の7割以上
借入予定先		
借入予定金額	万円	
合計	500 万円	

そのほか、**大家仲間から仲介会社の担当者さんを紹介してもらう**こともあります。その場合も共通の知人がいて、お互い相手の属性や扱っている物件がわかっているので関係構築がスムーズです。なるべくなら、**探している物件の条件が似ていて自分と属性が近い人に紹介してもらうといい**でしょう。もちろん自分が紹介をすることもあります。

そうして、自分が紹介した人が物件を購入できたりすると、その担当者とはますます信頼関係が強くなります。これから大家仲間ができたり、すでにいる場合は、ぜひ積極的に仲介会社を紹介しあうようにしましょう。

辻の場合　仲介会社はどんどん開拓！

私は、もちろんポータルサイトで物件も探しますが、**どちらかというと、物件以上に仲介会社を探しています**。

ポータルサイトに掲載されている物件は希望どおりでなくても、はじめて知った仲介会社には、どんどん問いあわせをしていました。そうすると、いろいろな会社から物件資料を送ってもらえます。資料を見て自分の希望にあわない場合でも、「この物件は○○なので見送りますが、今後もご紹介いただきたいので一度面談させてください」と話をして、面談をしていました。それこそ、不動産投資をはじめたばかりのときは、週末の土日にまとめて4～5社の仲介会社と面談していたこともあります。

仲介会社とのつきあい方としては、前述の「非公開情報をもらう7つの方法」を意識しました。特に、**紹介してもらう物件を断る場合には、その理由をはっきりと説明するようにし、自分の希望条件をしっかり伝えていました**。希望条件に一致しているのに買わない理由（マイナスな理由）ばかり言っていると、この人は何かと理由をつけて結局は買わない人だと認識されてしまい、相手にされなくなってしまいます。

また、**気に入った物件があれば、すでに買付が入っていたとしても買付を入れるようにもしていました**。もし買えなくても、仲介会社からは、「この人は買う意思がある」とみなされて、次回に同じような物件があれば優先的に紹介してもらいやすくなります。仲介会社から、物件を買う意思がある人と思われるよう、自分の本気度をちゃんとアピールしましょう。

富治林の場合

「物件を優先的に紹介したい！」と思われる人になる

これまで購入した物件のすべてが、ポータルサイト掲載前に紹介してもらった物件、またはポータルサイトの掲載価格から大きく値下げしてもらった物件のいずれかです。

これらの物件を購入できたのは仲介会社の担当者のおかげですが、いかに「この人に優先的に物件を紹介したい」「この人だったら、値下げ交渉をしてもいい」と思ってもらえるかが重要です。

そのため、特に気を配っていたのは次の2点です。

!

❶自分のことを覚えてもらうこと（関係の構築）

❷購入したい「最低限の条件のみ」明確に伝える（細かすぎて面倒な買主にならない）

❶自分のことを覚えてもらうこと（関係の構築）

とにもかくにも、**覚えてもらうことが重要**です。

仲介担当者は物件を見たときに、この物件なら〇〇さんに当てはまるかな？　といったイメージを持つので、そのイメージに入り込む必要があります。まずは覚えてもらうために、次のような工夫をしていました。

POINT

- 事務所に伺うときは、手土産を持っていく
- 内見に同行してもらうときは飲み物を買っていく
- 内見後や物件紹介のあと、購入できなくても、必ずお礼の連絡をする
- 週1回以上は必ず連絡を取る
- 仕事だけではなく、プライベートの話をする（してもらう）ように心がける

また、**自分が購入できる人であることを十分伝える必要**があります。

いくら覚えてもらっても、そもそも買えないような人は物件情報を優先的にもらうことができません。ですから、104頁で紹介しているプロフィールシートを提出し、利用できそうな金融機関、購入できそうな物件の条件について、仲介会社とよく相談するようにしていました。

❷購入したい「最低限の条件のみ」明確に伝える（細かすぎて面倒な買主にならない）

覚えてもらったら、次は物件を紹介してもらう必要があります。

ここで重要なのは、あれこれ細かい条件をつけず、最低限の条件のみ伝えて、あとは柔軟に対応することです。では、次の2つを比較してみてください。

Q

例❶ 東京都内、利回り12％以上、駅距離徒歩5分以内、満室、築年数20年以内、積算価格＞販売価格

例❷ 首都圏、利回り12％以上、積算価格＞販売価格

希少性が高い 例❶ では、めったやたらと出てくる物件ではありません。そうではなく、例❷ のように条件の間口を広げておくことで、仲介会社から物件を紹介してもらいやすくしておきます。

そのためにも、must（譲れない条件）とbetter（該当すればなおよし）の条件を、明確に自分の中でわけておく必要があります。

03 不動産仲介会社から送られてきた資料を確認する

ここでは、不動産仲介会社から送られてきた資料の中で、確認すべき内容とそのポイントについてお話しします。**不動産を購入するなら、これらの資料を正確に読み取る知識は必須**になります。逆にいうと、読み取れないと損をしたり騙されたりすることもあるので、しっかりとした知識を身につけましょう。

これらの資料を確認すべし!

投資家向けのポータルサイトから資料請求をしたり、仲介会社から物件紹介を受けたりすると、多くの場合、次のような資料が送られてきます。

不動産仲介会社から送られてくる資料

❶物件概要書
❷レントロール
❸修繕履歴
❹固定資産評価証明書
❺不動産登記簿謄本
❻部屋の間取り図
❼建物図面
❽公図
❾建築確認済証（ない場合は、台帳記載事項証明書）
❿物件の写真（外壁・空室など）

なかには紹介の時点ではまだ取得できていなくて、あとから送られてきたりするものもあります。また、❷のレントロールや❸の修繕履歴は、❶の物件概要書の中に記載されていたり、修繕履歴がわからなかったりすることもあります。

この10個の書類の中で、特に確認が必要なのは❶～❺の資料です。それでは、それぞれの詳細を見ていきましょう。

❶物件概要書

物件概要書とは、その物件の「物件名」「住所」「価格」「利回り」「築年」「構造」「土地面積」「建物延床面積」といった詳細情報が書かれている書類です。**「マイソク」**と呼ばれることもあります。特に決まった形式はありませんが、仲介会社に問いあわせをすると、まずはこの物件概要書（次頁参照）が送られてくることが多いです。

購入検討を進めるかどうかの判断は、９割がたこの書類を見て決まります。物件の立地、利回り、築年、土地面積などをよく確認し、自分の投資基準に当てはまるかしっかり見極めましょう。

読者プレゼントとして、著者が利用している「物件概要チェックリスト」を用意しています！　ここにある項目すべてを満たしている必要はありませんが、物件選定の目安としてお使いください。

DL　https://www.jyooya.com/book-tokuten

Excel

本書読者特典「物件概要チェックリスト」

物件概要書を見る時に確認すべき項目を一覧にしています！
慣れないうちは、これを見ながら物件概要書をチェックしましょう。

物件概要書例

所在地、地積を確認する

物件概要書

物件名		メゾン藤井		
所在地	住居表示	神奈川県平塚市○○○		
	地番	○○番地		
地目		宅地	取引形態	媒介
地積	公簿	100.00㎡		30.30坪
	実測	㎡		坪
	私道			
権利		所有権		
建物	建築面積	100.00㎡		
	延床面積	100.00㎡		30.30坪
	構造	木造スレート葺地上2階建		
	種類	共同住宅		
	築年	昭和６２年４月		
	間取り戸数	４戸		
	駐車場	無し		
価格	物件価格	20,000,000円		
	満室想定利回り	10.02%		
満室収入	年収	2,004,000円		
	賃料（月額）	167,000円	管理費（月額）	
	駐車場		その他	
公法規制	都市計画	市街化区域	用途地域	第一種住居地域
	建ぺい率	60 %	容積率	200 %
	高度地区	第２種高度地区	防火指定	準防火地域
	日影規制	10M以上　5h/3h/4m	その他	高さ制限：15m
交通		○○線　「○○」駅　徒歩３分		
道路		東側私道幅員　mに間口　m接道		
設備	電気	東京電力	ガス	調査中
	水道	公営水道	下水	公共下水
現況		賃貸中		
備考		平塚市景観条例、屋外広告物条例あり		

築年、利回りを確認する

❷レントロール

レントロールとは、**その物件の部屋ごとに、「家賃の金額」「共益費の金額」「駐車場の金額」などがまとめられた一覧表**です。家賃は、その物件の収益に直結する非常に重要な項目ですが、売主が高く売却したいという理由で、空室の家賃が高めに設定されていることもあり、慎重にチェックする必要があります。また、共用部の電気代や清掃費など、支出について書かれている場合もあります。

このレントロールは**特に注意が必要**

レントロール例

メゾン藤井

号 室	間取り	家 賃	共益費	現況家賃	現況共益費	預かり敷金	備考
101	1K	40,000	2,000	40,000	2,000		
102	1K	40,000	2,000	40,000	2,000		
201	1K	39,000	2,000	空室			退去予定 ○月○日
202	1K	40,000	2,000	40,000	2,000		
合計		159,000	8,000	120,000	6,000	0	

各項目

入居率	75.0%
現況年間収入	¥1,512,000
満室想定年間収入	¥2,004,000
稼働率（賃料ベース）	75.0%
物件購入価格	¥20,000,000
表面利回り（現況）	7.6%
表面利回り（満室想定）	10.0%

年間経費

項目	金額
浄化槽清掃	¥35,000
ケーブルテレビ	¥96,000
町内会費	¥12,000
合計	¥143,000

年間経費は見落としがちなので注意する

な資料なので、後ほど121頁で詳しくお話しします。

❸修繕履歴

修繕履歴とはその名のとおり、その物件について「いつ」「どの個所」が修繕されたのか、その履歴です。

ただし、大家によっては、正確に修繕履歴を残している人もいれば、残していない人もいます。修繕履歴が残っていない場合は、不動産仲介会社にお願いしてなるべく聞き出してもらうようにしましょう。また、修繕履歴が残っていない場合、購入後にこの部分の修繕費用が必要という理由で、価格交渉の材料になります。

❹固定資産評価証明書

不動産を取得すると、毎年固定資産税という税金を支

修繕履歴例

日付	修繕箇所	修理内容	金額	業者・担当者
平成 25 年 4 月	外壁	外壁塗装工事	200 万円	(株)修繕 担当:鈴木
平成 30 年 5 月	101 号室	退去に伴う原状回復修繕	30 万円	(株)修繕 担当:鈴木
年　月				
年　月				
年　月				
年　月				

払う必要があります。その**固定資産税額は、所有する不動産の課税標準額に沿って決められますが、その評価額を証明する書類が、固定資産評価証明書**です。課税対象となるのは、固定資産税課税台帳に登録されている固定資産で、その物件の所在地の市町村が課税します。

この書類が大切な理由は、**この評価額が、第1章でお話しした「積算評価」（金融機関の担保評価41頁）に直結するから**です。どんなに利回りが高くても、**売買価格よりも評価額があまりにも低い物件を買ってしまうと、債務超過（自分の資産＜ローンの残高）になってしまう**かもしれません。そうなると、次から融資を受けられなくなってしまう可能性もあるので注意

固定資産評価証明書例

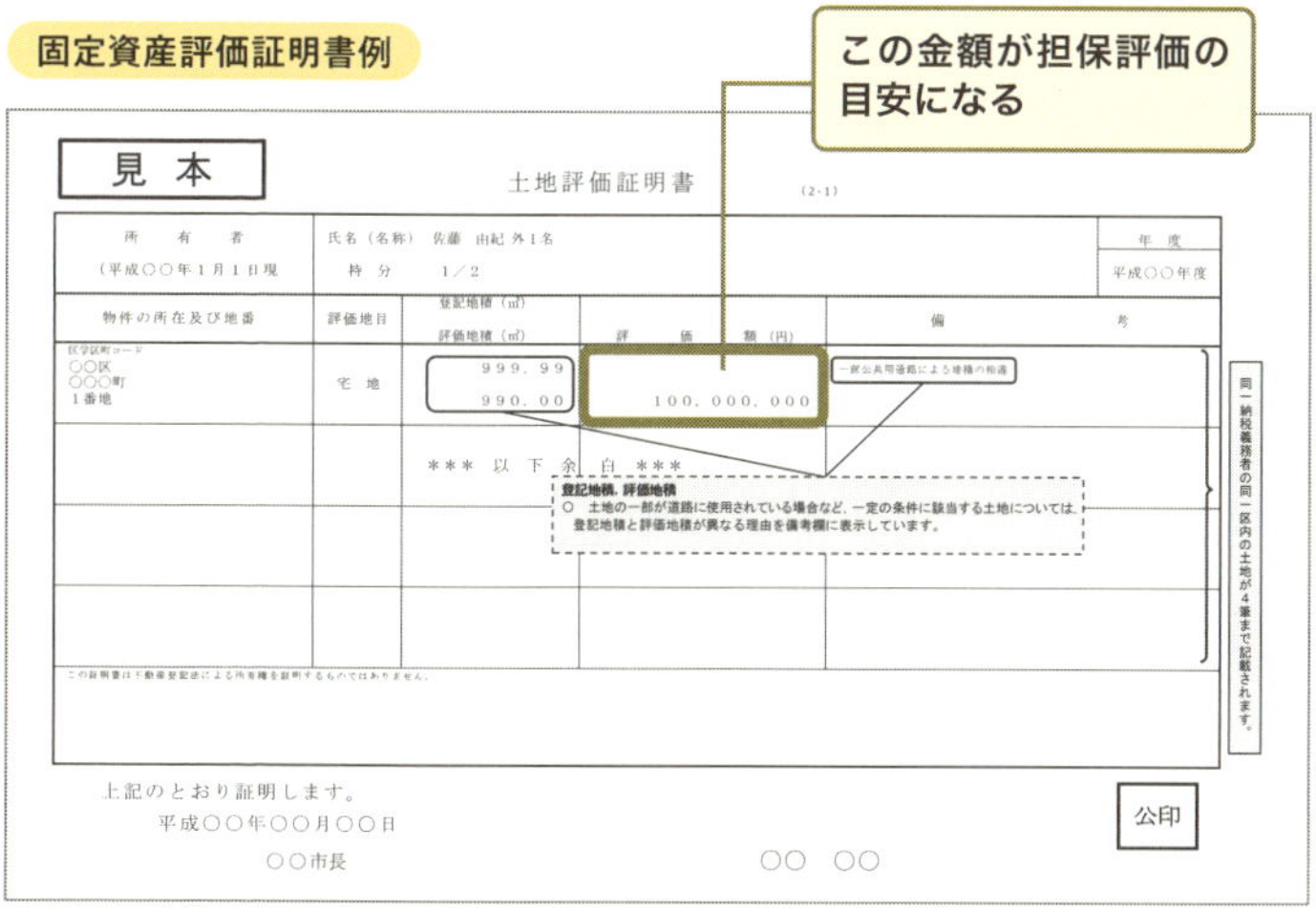

が必要です。

⑤不動産登記簿謄本

簡単に説明すると、**その不動産の「土地・建物に関する権利関係」が記録された書類**のことです。その土地の所在や面積、所有者や抵当権者などが記録されています。

不動産登記簿謄本を確認することで、その不動産が過去にどういう経緯で所有者が変わり、現在の所有者は誰で、借入があるのであれば、その当時にどういう条件で借入をしたのかなどがわかります。

たとえば、不動産登記簿謄本から、所有者が相続で引き継いだ物件だと確認できれば、賃貸経営に関する知識が豊富ではないかもしれないといった推理ができます。その場合、売主が不動産投資家や業者である場合よりも、価格交渉がしやすくなるかもしれません。

また、**登記簿謄本を確認することで詐欺の被害などから自分を守ることもできます**。

以前、これから2000万円で買おうとしている不動産の登記簿謄本を見てみたら、たった1カ月前に、売主が3000万円の借入をして抵当権が設定されているなんてことがありました。抵当権を抹消するには、当然、借入額同等の3000万円を返済する必要があります。これが何年も前に設定されたものなら、残債が減っているでしょうが、今回の場合はたった1カ月前。それなのに、売却価格は2000万円。どう考えても怪しいといわざるを得ません。どんなにいい物件だったとしても、こういう物件は見送ってください。

登記簿謄本は利回りなどの収益性につながらないので、ついつい確認がおろそかになりがちですが、しっかりチェックするようにしましょう。

ここでは、❶～❺の資料について詳細を書きましたが、もちろんそれ以外の資料についてもできるかぎり確認が必要です。間取りが不人気な形（風呂トイレ共同など）になっていないか、外壁にクラック（ひび割れ）がないかといったことは、❶～❺の資料ではわからないこともあります。このあたりもチェックして、場合によっては購入を見送ったり、指値交渉の材料にしたりしてもいいでしょう。

不動産登記簿謄本例

表　題　部　（土地の表示）		調製	余白		不動産番組	0000000000000
地図番号	余白	筆界特定	余白			
所　　在	厚木市○○○-○○○			余白		
① 地 番	② 地 目	③　地　積　m²		原因及びその日付［登記の日付］		
○○○番	宅地	100		○○○番○から分筆 ［平成元年４月１日］		
所 有 者	厚木市○○○-○○○　　山田　幸一					

権　利　部（甲 区）（所有権に関する事項）			
順位番号	登 記 の 目 的	受付年月日・受付番号	権 利 者 そ の 他 の 事 項
1	所有権保存	平成元年4月1日 第637号	所有者　○○区○○町○丁目○番○号 佐々木　隆
2	所有権移転	平成20年10月15日 第860号	原因　厚木市○○○-○○○ 山田　幸一

権　利　部（乙 区）（所有権以外の権利に関する事項）			
順位番号	登 記 の 目 的	受付年月日・受付番号	権 利 者 そ の 他 の 事 項
1	抵当権設定	平成20年11月12日 第807号	原因　平成20年10月15日金銭消費貸借同日設定 債権額　金4,000万円 利息　年2・60％（年365日日割計算） 損害金　年14・5％　（年365日日割計算） 債務者　厚木市○○○-○○○ 山田　幸一 抵当権者　○○区○○町○丁目○番○号 株式会社　○○銀行 （取扱店　南都支店） 共同担保　目録（あ）第2340号

共　同　担　保　目　録			
記号及び番号	（あ）第 2340 号	調製	平成 20 年 11 月 12 日
番　号	担保の目的である権利の表示	順位番号	予　　備
1	○○区○○町○丁目○番○号の土地	1	余白
2	○○区○○町○丁目○番○号 家号番号　101 番の建物	1	余白

抵当権などはこの欄に記載される。

レントロールの注意点❶　空室の家賃設定！

さて、前述した❶～❺の資料のなかでも、特に確認が必要なのがレントロールです。

まず確認すべき点は、その物件に空室がある場合、空室の想定家賃が適切かどうかです。想定家賃が高ければ、その物件の利回りも上がるので、見た目の利回りがいい物件に見えてしまいます。しかし、そういった物件を購入して、いざ募集をしてみると、想定家賃が相場よりも割高で、家賃を下げないと入居者が決まらないということもあります。見た目の利回りに騙されてはいけません！

家賃相場の見極め方については、次項を参照してください。

レントロールの注意点❷　家賃のばらつき

レントロールで部屋ごとの家賃を確認すると、同じ間取りなのに家賃が全然違うということもあります。数千円の差であれば、そこまで問題視する必要はありませんが、家賃が5万円と6万円の1万円も違うという場合があります。考えられる理由は、入居期間が違う、または部屋のリフォームの度あいが異なることです。

入居期間が長い場合は、築年数が浅いときから入居しているので、割高の家賃となっている場合があります。そのような入居者は、何度か更新をしていますが、基本的にはずっと入居時の割高な家賃を払い続けています。仮にその人が退去したら、割高な家賃のまま新規の入居者募集はできないので家賃を下げざるを得ません。そのため、割高な家賃で入居している人がいる場合は退去したときのことを考えて、相場の家賃に置き直して利回り計算をする必要があります。

また大がかりなリフォームをしたことによって、家賃が高くなっている場合も注意が必要です。次に誰かが退去したときに修繕を安くすませると、思ったような家賃を得られないかもしれません。家賃を1万円高くして募集するためにリフォーム費用としていくらぐらいかかるのか、またそのリフォーム費用は家賃を1万円上げることで何年で回収できるのかをきちんと計算しておく必要があります。仮に最低限の修繕ですませた場合は、家賃がいくらになるのかも想定しておく必要があります。リフォームして家賃が上がっている部屋があるのであれば、その費用はいくらかかったのか、売主に確認するか修繕履歴を見せてもらうようにしましょう。

レントロールの注意点③　入居時期、入居者属性

購入しようとしている物件の複数の部屋で、ごく最近立て続けに入居が決まっていることがあります。**売主が高く売却しやすくするために、知りあいや親戚などに入居してもらって稼働率をよく見せていることがあります。**また知りあいではなくても、もうぐ売却するからといって、**家賃保証会社の審査を通過しないような入居者を入れている場合もあります。**そういう入居者たちは、売却して大家が変わると退去してしまったり、家賃滞納が発生したりする場合があるので注意が必要です。

対策としては、**「入居者属性」を確認**します。具体的には、家族構成、勤務先（または職業）、年齢などです。個人情報なので事前に教えてもらえない場合もありますが、

できるかぎり聞いてみましょう。

レントロールの注意点④ 見落としがちな支出

レントロールは収入の部ばかりに目がいってしまいがちですが、**支出の部も重要**です。特に次のような内容は、レントロール上に細かく書かれているので見落としてしまうこともあります。支出についてはレントロールとは別にまとめられていたり、物件概要書に書かれていたりすることもありますが、見るべきポイントは一緒です。

❶水道・ガス・電気料金が大家負担？

各部屋の水道・ガス・電気料金は入居者が支払うことが一般的ですが、オーナーが一括で支払っているケースもあります。特に水道代はオーナーが一括で支払い、入居者から水道費を別途集金している物件が意外と多くあります。そういった物件は、**回収した水道代も利回りに含まれていることがあるので、その分は差し引いて計算しましょう。**

❷駐車場代は大家負担？

物件の敷地内に駐車場がなく、近隣の月極駐車場を大家が一括契約して入居者に貸し出しているケースがあります。その場合、駐車場代は大家負担の支出となり、収益に大きく影響するので注意が必要です。

❸そのほかの経費についても細かく確認

「受水槽清掃費」は注意が必要です。受水槽のある物件は、定期清掃費として年間数万円の清掃費が発生します。また故障が発生した場合は、修繕費や取り換え費用がかかることもあるため、事前に想定しておく必要があります。

ほかにもケーブルテレビの費用を大家負担で契約していたり、雪国の場合は除雪費用がかかったりする場合もあります。細かいことですが、町内会費という形で数千円ほど大家負担があるケースもあります。それらのすべては収益に直結するため、しっかりと確認しましょう。

04

賃貸需要、家賃相場を見極める！

資料を確認したら、その物件の「賃貸需要」、「家賃相場」をチェックしましょう。**利回りが高く、シミュレーション上はキャッシュフローが出ていても、賃貸需要と家賃相場を見誤っていると、その収益は絵に描いた餅**です。これらは、購入後の賃貸経営に大きな影響が出てくるので非常に重要です。それでは、実際にどのようにして見極めるのか、その方法を見ていきます。

インターネットでの賃貸需要の見極め方

まずはインターネットで調べることで、ある程度のことは調査することができます。

賃貸需要を見極めるにあたって、最初に確認すべきサイトは、**LIFULL HOME'Sの「見える！賃貸経営」**です。このサイトでは**「賃貸需要ヒートマップ」というものがあり、賃貸需要が高いエリアと低いエリアが色分けされている**ため、ひと目見るだけで、そのエリアの賃貸需要が強いかどうかがわかります。

またこのサイトでは、入居希望者の検索している間取りと、実際に掲載されている物件の間取りが比較されている「賃貸入居者の希望間取り」というページもあります。

例 3LDK／4K／4DKといったファミリー向けの間取りの部屋がたくさん検索されているのに、掲載が少ないとしたら、「需要＞供給」

見える!賃貸経営　賃貸需要ヒートマップ

参考 LIFULL HOME'S　見える！賃貸経営：https://toushi.homes.co.jp/owner/

見える!賃貸経営　賃貸入居者の希望間取り

賃貸入居者の希望間取り

千葉県茂原市 で賃貸物件を探すユーザーの間取りニーズとLIFULL HOME'Sに掲載されている物件をグラフ化し比較して表示しています。

入居希望者の検索条件　　LIFULL HOME'S掲載物件の状況

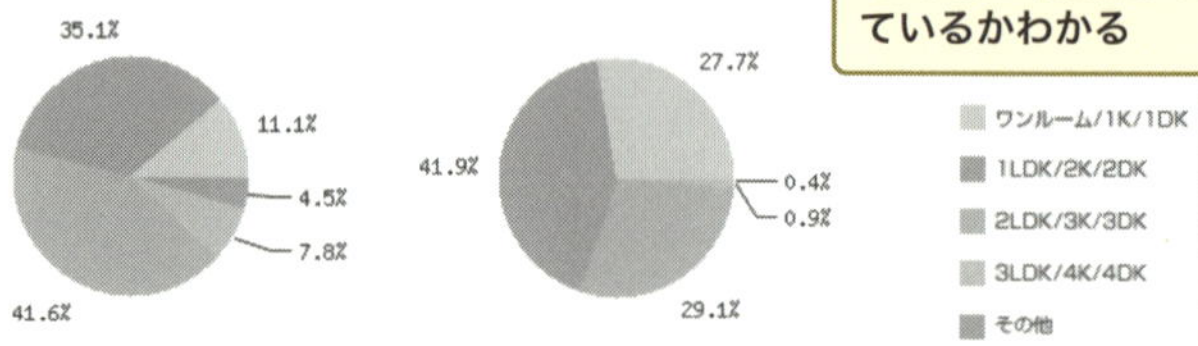

入居希望者が望んでいる間取りがどのくらい掲載されているかわかる

Copyright(C) LIFULL Co.,Ltd.　2020/08/27 Copyright(C) LIFULL Co.,Ltd.　2020/08/25

見える!賃貸経営　敷金・礼金などの状況

敷金（保証金など）の状況

敷金の分布状況を確認。家賃の何ヶ月分が敷金として多いのか把握する事ができます。

なし	70.1%
家賃1ヶ月程度	28.0%
家賃2ヶ月程度	1.7%
家賃3ヶ月程度	0.2%
家賃3ヶ月以上	0.0%

敷金・礼金がなしの場合、競争が激しいと想像できる

礼金などの状況

礼金の分布状況を確認。家賃の何ヶ月分が礼金として多いのか把握する事ができます。

なし	78.0%
家賃1ヶ月程度	21.9%
家賃2ヶ月程度	0.0%
家賃3ヶ月程度	0.0%
家賃3ヶ月以上	0.0%

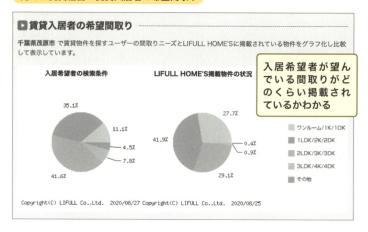

であることがわかります。

そういった間取りの物件を手に入れることができれば、入居付けはしやすいと判断できます。

さらに、賃貸の激戦区かどうかについても、同じサイトの敷金や礼金の状況を確認することで、ある程度判断することができます。

例 敷金・礼金がともに「なし」となっていたら、そうしないとなかなか入居が決まらないエリアかもしれません。
つまり競争が激しいエリアだということが想定されます。

インターネットでの家賃相場の見極め方

家賃相場は、SUUMOやLIFULL HOME'S、不動産情報

同条件の部屋がどのくらいの家賃で入居募集されているか調べる

SUUMO 賃貸経営サポート
https://www.suumo-onr.jp/

LIFULL HOME'S 家賃相場
https://www.homes.co.jp/chintai/price/

不動産情報サイト アットホーム家賃価格相場
https://www.athome.co.jp/souba/

サイト アットホームといったサイトで同条件の部屋がどのくらいの家賃で入居募集されているかを調査することで、その地域の相場を確認することができます。

次のような物件の購入を検討していたとします（左上図参照）。同条件の部屋をSUUMOで探す場合、次のように検索条件を設定します（左下図参照）。

SUUMOで設定する検索条件例

沿線・駅	：ＪＲ中央線／高円寺
間取りタイプ	：1K
建物の種類	：アパート
駅徒歩	：15分以内
専有面積	：$20m^2$以上～$25m^2$以下
築年数	：25年以内
こだわり条件	：バス・トイレ別

SUUMOで検索する例

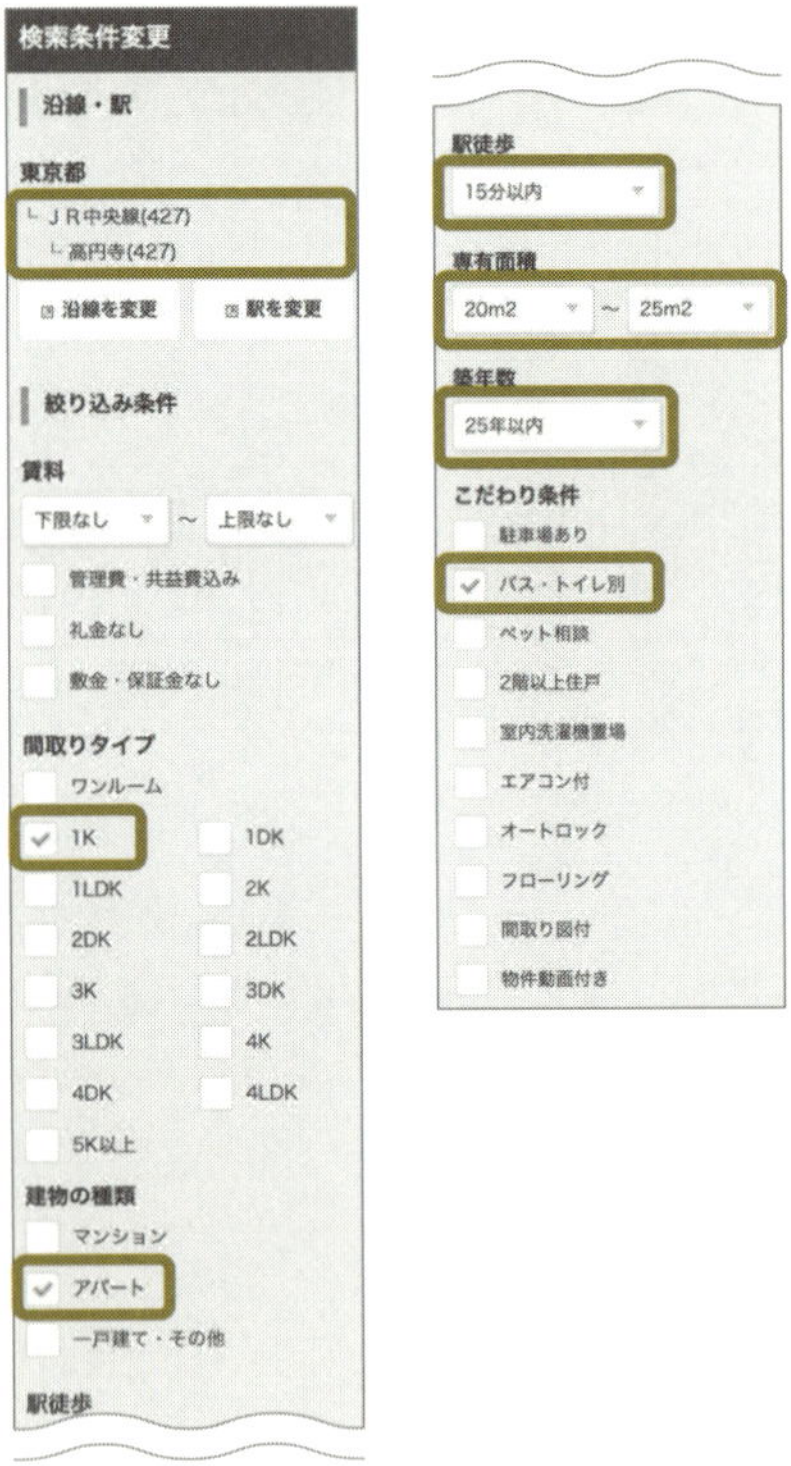

ＳＵＭＯで同条件の部屋を検索し、築20年以上のものだけを見てみると、家賃・共益費などあわせておおむね月６万～７万円で募集されていました（２０２０年11月現在）。

購入を検討している物件の家賃額が同じくらいであれば、妥当な家賃設定ということです。ただし、それより高い場合は、「空室の家賃設定が間違っている」か、「既存入居者が退去した場合に収入が下がる」という危険性があります。反対にこれより安い場合は、「入居募集時や更新時に家賃を上げられる」可能性があります。

現地の客付け業者へのヒアリングで見極める！

インターネットで調べただけでは、見落としている事項があるかもしれません。より正確な情報を得るために、ここはやはりプロの意見を聞きましょう。電話または訪問をして、**物件近くの不動産屋（客付け業者）へヒアリングすることは必須**です。

その際、「この近辺に賃貸用不動産の購入を検討しており、同時に管理してくれる会社も探していきます」というように伝えれば、ほとんどの不動産屋は丁寧に対応してくれます。というのも、不動産の管理委託をしてくれる大家さんは不動産屋にとっていいお客さんなので、無下にされたりはしないのです。

賃貸需要 **そもそも物件のあるエリアの賃貸需要が強いのか、どんな属性の人からの需要があるのかを聞き出しましょう**。

自分の買おうとしている物件が単身者向けなのに、ファミリー層からの需要しかないのであれば、購入を再検討する必要があります。

また、近くに大学や学校があって、一見家賃の安い築古アパートの賃貸需要があるように見えても、「ここの学生は実家が裕福な人が多く、新築や築浅じゃないと住まない」なんて言われることもあります。ほかにも、坂の上か下かというだけで賃貸需要がまるで違うとか、駅から近いけれど駅を使う人はほとんどいなくて、その代わり駐車場が必須なんてこともあります。**こういった細かい需要については、やはりインターネットなどではわからないので、そのエリアのプロだからこそ知り得るもの**です。

家賃相場 「このエリアで、アパート（またはマンション）で、築〇〇年ほど、間取り○ＤＫ、○○平米の広さであれば、相場はいくらぐらいでしょうか」と質問すれば、答えてくれるはずです。その際、人気のある設備や、ＡＤ（広告料）は平均どのぐらいかけている物件が多いのかについても聞くといいでしょう。

ＡＤ（広告料）とは、入居者を決めてくれた客付け業者に対し、仲介手数料とは別に支払うものです。もちろん多いほうが、少ない物件よりも積極的に案内してもらえる効果が期待できます。周りの物件がＡＤは家賃1カ月分なのに、自分の物件が2カ月分なら、早期客付けをねらうことができます。

部屋の供給よりも賃貸需要が強いエリアだとＡＤなしというところもありますが、反対に激戦区だとＡＤ3～4カ月分はあたりまえということもあります。これを聞いておくことで、そのエリアの需給バランスを推測することができます。

ヒアリングをするときの注意点

ヒアリングについては、ご厚意で教えてもらうものです。週末や繁忙期の日中を避け

るなど、相手が忙しくない日時を選ぶようにしましょう。

事前にヒアリングしたい内容をまとめ、手短に終わるように配慮し、対応してくれたあとは、ちゃんとお礼を言うようにします。間違っても、自分は客だからと偉そうにしたりしてはいけません。

また、**売主が管理会社に内緒で売却活動をしていることがあります**。ヒアリングを実施したことで、それが管理会社に知られてしまうと問題です（客付け業者だと思ったら管理業務を兼務をしているケースがあります）。**事前に仲介会社の担当者に、ヒアリングを実施してもいいか確認しておきましょう**。場合によっては、物件所在地の詳細は伝えず、大体このあたりだとどうかと聞くなどの対応が必要になります。

このように注意点はありますが、現地の客付け業者にヒアリングを実施することによって、**その地域の賃貸事情にかなり詳しくなります**。はじめのうちは話を聞きに行くことに抵抗があると思いますが、気負わず積極的に実施し、**最低3社は確認**するようにしましょう。購入前に物件の現地確認に行った際、あわせて実施すると効率的です。なおヒアリングした内容は、次のようにまとめておくと便利です。

客付け業者ヒアリング結果まとめ

〇〇駅徒歩 10 分　間取り：2LDK（50m²）　築 20 ～ 30 年

会社名	ヒアリング実施日時	家賃相場	AD（広告料）平均	備考
〇〇不動産	令和〇年〇月〇日16 時店頭	5 万円代中盤	家賃 0.5～1 カ月分	• 単身需要はあまりない。ファミリー需要が中心 • 近くの小学校に通う子どもがいる世帯が多い • 共働き家庭が多いので、宅配ボックス、浴室乾燥機などが人気
〇〇ハウジング	令和〇年〇月〇日17 時店頭	5 万～5.5 万円	家賃1 カ月分	• 単身需要はあまりない。ファミリー需要が中心 • 即入居が決まるという立地でもないが、近くの学校の学区内で引っ越しを検討する世帯がたまにいる • 小さい子どものいる世帯はセキュリティーを気にするため、モニター付きインターフォンは必須
〇〇ハウス	令和〇年〇月〇日18 時店頭	5 万～6 万円	家賃 0.5～1 カ月分	• 単身需要はあまりないが、車で通勤する人の需要が多少はある。近隣に駐車場などがあれば入居者が付かないこともない • ファミリー需要が中心。やはり近隣に駐車場があることが望ましい • 人気の設備は、宅配ボックス、浴室乾燥機、モニター付きインターフォン • 管理を任せてもらえれば、即満室にできるようがんばらせてもらいます！　とのこと

05

買付証明書を提出しよう！

賃貸需要なども確認できて、購入してもいい物件だと判断できれば、いよいよ購入に向けて行動していくことになります。

その第一歩として「買付証明書」を提出します。**買付証明書とは、「その不動産を買う意思があります」と売主に対して表明する書面**のことです。

法的拘束力があるものではないですが、購入したいと思う物件があれば、買付証明書を提出して、その物件を抑えるようにします。ここでは、その買付証明書の書き方や注意点について見ていきます。

買付証明書の書き方

買付証明書には、決まったフォーマットはありません。買付証明書の雛形を持っていない人は、仲介会社にお願いすれば、サンプルをもらえます。または、インターネットから入手した書式を使っても問題ありません。

買付証明書には、物件名や住所、価格などを記載します。物件概要書の内容を転記するだけで大丈夫です。

指値をして購入したい場合は、その希望の金額を記入します。その場合、その金額で買付証明書を提出してもいいか、事前に仲介会社に相談しましょう。

また、買付証明書の様式によっては、手付金（引き渡し前に、売買契約時に支払うもの）の金額を記入する場合もあります。**手付金の金額をいくらにするかについても、仲介会社と調整**をしましょう。

買付証明書の例

物件概要書の内容を転記する

買付証明書

令和○○ 年 ○○ 月 ○○ 日

売主　　　　　　　　　　　　様

住　所　　東京都文京区春日○-○-○

氏　名　　佐藤由紀

私は、下記不動産を、下記の条件にて購入したく、買い付けることを証明いたします。

記

【物件】

物　件　名	メゾン八国
所　　　在	神奈川県平塚市○○　○-○-○
土　　　地	1,000　m²（　　　　　）
建物（専有面積）	455.4　m²（　138　坪）

【希望条件】

購入希望金額	金　10,000,000　円（税込）
支払い方法	現金　・（銀行融資）

本書の有効期限　令和○○ 年○○月○○日　までといたします。

【その他の条件】

詳細資料や現地確認後、価格交渉の可能性あり。融資特約あり。

以上

この一文を必ず入れる

希望金額と支払い条件を明示する

買付証明書は常に持ち歩くべし

いつ、どこで、自分の希望にあった物件が出てくるかわかりません。希望にあった物件を仲介会社から紹介されたときに、買付証明書を持ち歩いていなければ、その間にほかの誰かに買付証明書を出されてしまう可能性があります。**買付証明書は常に持ち歩き、いつどこにいようともすぐに提出できるようにしておきましょう**。

決まったフォーマットはありませんが、仲介会社によっては、買付証明書に印鑑の押印が必要といわれることもあります。そこで、**印鑑を押印済みの買付証明書を持ち歩く、またはそのデータをインターネットのクラウド環境上に保存するなどし、すぐに仲介会社に送付できるようにしておきます**。買付証明書は郵送しなくても、ＰＤＦファイルやＦＡＸで送付すれば大丈夫なので、コンビニなどでも対応できます。

「ちょっとした裏ワザ！　すべてインターネットですませる方法！」をまとめると次のようになります。簡単なので、すぐにでも実践してみてください。

POINT

❶ExcelやWordでつくった買付証明書に電子印鑑を押印しておく
❷それをGoogleドライブなど、クラウド環境に保管する
❸物件情報だけ買付証明書に書き足し、PDFにして仲介会社に送付する

この方法なら、スマートフォンひとつあれば、いつでもどこでも買付証明書が提出できます。しかも印刷費用などもかかりません。電子印鑑などに抵抗がない人にお勧めです。

提出時の注意点

買付証明書を提出する際の注意点としては、第一に、**「融資特約あり」にする**ことです（物件を現金で購入する場合は不要）。

融資特約とは、「予定していた融資が金融機関から不承認となった場合、売買契約を解除することができるという」契約上の特約です。この特約を記載せず売買契約に進むと、もし融資がつかなかったとしても購入しなければいけないとか、または手付金が返還されない場合があるので注意しましょう。

正確には、買付証明書には法的拘束力はないため、買付証明書を提出しただけでは購入する義務は負いません。契約することになって売買契約書を作成する際には、融資特約を記載することは必須です。そうはいっても、買付証明書にも融資特約ありの旨を記載しておいたほうが、無用なトラブルを避けられます。

次に、現地調査をせずに買付証明書を提出する場合は、その他条件として「現地確認の条件」を入れておくべきです。

いい物件の確保はスピード勝負なので、買付証明書を提出する段階で、すべての書類がそろっていないこともあります。そのため、買付証明書に、その他条件として、「詳細資料や現地確認後、価格交渉の可能性あり」という文言を入れておけば、あとでそれらを理由に価格交渉をすることも可能です。

最後に、買付証明書を提出したら理由なく撤回はしないようにしましょう。買付証明書を提出したけれどやっぱりやめますと簡単にいわれてしまうと、仲介会社の担当者としてはその人に物件を紹介しにくくなります。想定した融資が受けられなかった、詳細資料を見たら大きな欠点が見つかったといった理由ならしかたがないですが、単に気分が変わったとか不安だからというのでは理由になりません。心配であれば、買付証明書を提出する前に先輩大家さんに意見をもらうなどして、不安がなくなるよう努めましょう。

このように、買付証明書にも注意点はありますが、繰り返し述べているように、法的拘束力があるものではありません。そのため、買っていい物件だと判断できたら、あまり気負いしすぎることなく、スピーディーに買付証明書を提出するべきです。

前章でも述べましたが、買付証明書を提出したとしても、購入に至ることができるのは、そのうちの10分の1ほどです。いい物件ほどスピード勝負になるので、日頃から即決断、即行動を心がけましょう。

06

ここで私たち3人の実例を大公開

お買い得な物件がなかなか見つからなかったとしても、指値で値引きしてもらえれば十分お買い得な物件になります。

また、いい物件があっても先に取られてしまうというなら、素早く行動することで確保できるかもしれません。ぜひここで紹介する実例を参考に、いい物件を買えるような行動をしてみてください。

著者3人が実際に指値を通した実例、物件を確保するためにした工夫などをご紹介します。3人とも、それなりに条件のいい物件を購入できていますが、何か特別なことをしたわけではありません。

今までお話ししたことを地道に繰り返した結果、不動産仲介会社といい関係を築いて

物件購入に至っています。実例を確認してもらえるとわかると思いますが、不動産投資はあきらめずに、地道にコツコツ継続できる人が勝てるしくみになっています。

林の場合

指値には、しっかりした根拠を！

仲介会社の担当者から物件を紹介された際は、その物件が相場と比べて割安なのかどうかを確認します。前章でもお話ししたとおり、最低でも相場の1～2割安く購入する必要があるからです。

ですが、売主もなるべく高く売却したいわけですから、闇雲に指値をしても効果がありません。しっかりとその値段である根拠を示す必要があります。

あるとき、物件価格4200万円　利回り12％の中古アパートを紹介してもらいました。その物件は、300万円ほど値引きしてもらい、3900万円、利回り13％で購入しましたが、指値の理由を仲介担当者に次のように説明しました。

❶市況からして、自分の投資基準で利回り13％は必要であること
❷建物が古くて耐用年数を超えている。土地として見たときには、今の価格は一般売買価格より300万円ほど高い

さらに、その地域に詳しい大家仲間に意見をもらったところ、「自分の投資基準なら、500万円は値引き必要かな」と言われました。私はさすがにそこまで安くなくてもいいかなと思ったのですが、正直にそのことを担当者さんに伝え、500万円はさすがに無理だけど300万円の値引きならばと対応してもらえることになったのです。しっかりとした根拠を示したことで、売主にも納得してもらうことができました。

当然ですが、あくまでも自分の投資基準で見たときに、値引きが必要な物件のみ指値をしており、**最初から十分安い物件に指値をすることはありません。買付1番手が指値をして、自分が2番手で値引きなしだったため、購入できたこともあります**。しっかりと物件の相場価格を見極めることが重要なのです。

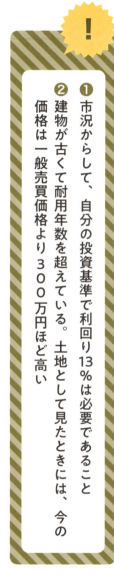

辻の場合
LINEを活用してのコミュニケーション

仲介会社の担当者とのやり取りは、メールや電話をするのが一般的かもしれませんが、よりフランクに話せるようにLINEを活用しています。LINEのほうが、パソコンのメールなどよりも早く確認できますし、スピーディーに連絡を取りたい場合にも便利です。また、短い文章で簡易的なメッセージでも送りやすいので、ちょっとした質問をしたいときなどは、メールや電話よりもずっと聞きやすいという利点があります。

そのように、日ごろからLINEで密にコミュニケーションを取っていたことで、信頼関係が構築され、一般に公開される前の非公開物件をいち早く紹介してもらえたことがあります。

物件資料もメールではなくLINEで送ってもらい、すぐに資料内容を確認して、その翌日には現地に確認しに行きました。現地確認の結果、特に問題もなかったので、その場で購入することを決断しました。やはりここでも、スピード重視です。買付証明書もその場で提出したことで、1番手をしっかり確保し、無事に購入することができました。

私が現地に行ったあとにも、ほかの人の見学予定がかなり入っていたようですし、実際に買付証明書も5件ほど提出があったと聞きました。それでも、**ライバルたちよりもスピーディーに行動できたうえに、担当者と信頼関係がしっかりできあがっていたことで、競争に勝つことができた**のです。

富治林の場合
購入のために、あきらめずに策を打つ

仲介会社の担当者との信頼関係を構築する際に重要視していることは、**「優良物件は、どんな手を打ってでも、何とかして購入できるようにする」**ということです。

あるとき、埼玉県東松山市で価格2200万円、利回り約16・5%の物件を紹介してもらいました。こちらは積算評価額が約1000万円しかなく、全体の60%が空室

という状態のため、融資の承認が800万円程度までしかおりない物件でした。しかし、売主は2200万程度で売却希望。このままでは購入できないので、あきめずに次のように調整しました。

❶融資額を上げる

まずは**融資額の上限をアップさせる**ことを試みました。実に約120枚もの融資打診資料を準備し、10行の金融機関に打診したところ、約1400万円の融資承認を得ることができました。

❷売買金額の交渉

同時に、売買金額の交渉です。**仲介の担当者経由で、売主に金額を下げてもらう交渉をする必要があります**が、ただ減額してくれといっても失礼です。そこで、融資打診用に準備した資料の一部を担当者、売主に共有しました。資料にはリフォームなどで費用がかかることなどを書いています。そうした状況を理解してもらったことで、結果として価格は1500万円まで下がりました。利回りとしては、約25%とかなりの高利回りです。

このケースは、次のことが実った結果です。

POINT

❶優良物件を優先的に紹介してくれ、また融資の調整に約1カ月もの時間がかかったにもかかわらず、物件を抑えていてくれた仲介担当者との信頼関係

❷融資承認が800万円程度しかもらえず、購入をあきらめる人が多い中、何とかして購入できるよう動き続けた粘り強い行動力

このように施策を講じ続け、何とか物件を購入して実績をつくります。ときには自分が購入できなくても、ほかに買ってくれそうな仲間に紹介することもあります。そうして購入実績ができると、ますます担当者さんとの信頼関係が強まります。

「仲介担当者さんとの信頼関係の構築」&「継続的に購入」ということを繰り返すと、さらにいい物件を、誰よりも早く紹介してもらえるようになります。こうなると、自分が希望した指値が刺さるようになり、不動産の拡大スピードは飛躍的に向上します。

最後に確認! 第2章 不動産の買い方 ToDoリスト

項目	やるべきこと
ポータルサイトでの探し方	
《投資家向けサイト》 健美家、楽待、不動産投資連合隊	各サイトのショートカットキーをお気に入り登録する
《実需向けサイト》 Yahoo! 不動産、SUUMO、不動産情報サイト アットホーム	各サイトのショートカットキーをお気に入り登録する
メール通知機能	各サイトに希望条件を登録する
物件紹介	楽待、健美家に自分の情報と希望条件を登録する
不動産仲介会社へのアプローチ	
ポータルサイトから資料請求	はじめは1日20件チェック、資料請求を1日2件（週140件チェック、週14件資料請求）
仲介会社の各社ホームページから問いあわせ	物件の問いあわせをし、積極的に面談予約する
プロフィールシート作成	仲介会社提出用にプロフィールシートを作成する
物件資料の確認	
物件概要書	別添の物件概要書チェックリストで確認する
賃貸需要、家賃相場の見極め	
LIFULL HOME'S 見える！賃貸経営	賃貸需要ヒートマップ、賃貸入居者の希望間取り、敷金・礼金などの状況をチェックする
インターネットで家賃調査	同条件の部屋がいくらの家賃で募集されているかを確認
客付け業者へのヒアリング	賃貸需要、家賃相場、人気設備などを聞き取る
買付証明書	
買付証明書を準備	押印済みの買付証明書をつくって持ち歩く、またはクラウド環境上に保存

第3章

金融機関から融資を受ける方法

レバレッジを効かせるために、融資を活用しましょう！


不動産投資最大のメリットといっても過言ではないのが、融資によるレバレッジです。第3章では、その融資を受ける方法について学んでいきます。

まずはあなたが使用できる金融機関の目安について見ていきますが、新たに金融機関を開拓する方法もお話しします。

そして融資を打診する際に提出する資料の作り方を覚えましょう。提出する資料は、簡単に作成できるようにテンプレートを読者プレゼントとして用意しています。

これで融資対策はバッチリです！　物件購入に向けてさらに進んでいきましょう。

01 使用できる金融機関の目安

不動産を購入するためには、よほどのお金持ちでないかぎり金融機関から融資を受ける必要があります。前述したとおり、**この融資を受けることによるレバレッジ効果こそ、不動産投資の最大のメリットのひとつ**なのです。融資を受けることで、運用できる金額が大きくなり、投資効率を高めることができます。

まずは、それぞれの金融機関の特徴と、融資の目安から見ていきましょう。

金融機関の種類を理解しておこう

金融機関の種類は、大きく次の5つに分けられます。それぞれに特徴がありますが、融資を受ける難易度の高さ、金利の低さについても、日本政策金融公庫を除いて、おおむね同じような順番になります。

❶全国に店舗（ATM）がある **都市銀行**
＞
❷各都道府県にある **地方銀行**
＞
❸地域に密着した **信用金庫・信用組合**
＞
❹ **日本政策金融公庫**
＞
❺ **ノンバンク**

誰もが知っているような大きな銀行ほど、融資を受けるハードルは高いけれど、金利の低い好条件での融資をしてくれるということです。

それでは、各金融機関の特徴について見ていきましょう。

❶全国に店舗（ATM）がある 都市銀行

都市銀行は、メガバンクとも呼ばれます。明確な定義があるわけではありませんが、東京や大阪の大都市圏に本店を構え、日本全国に展開している規模の大きい銀行のことを指します。具体的には、次の4行が都市銀行に該当します。

- みずほ銀行
- 三菱UFJ銀行
- 三井住友銀行
- りそな銀行

都市銀行の特徴として、**対応エリアが広いこと**があります。日本全国に店舗があるため、基本的にはどのエリアの物件でも、融資が可能となります。

また前述したとおり、**ほかの金融機関と比較して金利が低い**ことも特徴のひとつです。たとえば、ほかの地方銀行だと1%台後半〜2%台、ノンバンクだと3%以上の金利となることが多いですが、都市銀行の場合は0%台〜1%台前半の金利になることもあります。ただし融資条件がいい反面、融資を受けることのハードルがとても高いです。2020年現在、個人属性として年収2000万円以上、金融資産3000万円以上はないと審査の土俵に乗ることすらできないでしょう。

②各都道府県にある 地方銀行

地方銀行は、**各都道府県内に本店を置き、各地方を営業基盤としている銀行**です。たとえば、千葉銀行や横浜銀行、静岡銀行などが地方銀行にあたります。

地方銀行の特徴としては、都市銀行ほど低い金利ではありませんが、それでも1％代後半からの融資を受けられる可能性があります。また、個人属性による審査のハードルも、都市銀行ほどは厳しくはありません。

それでも2020年現在、融資情勢が厳しくなったこともあり、以前よりもかなり厳しく個人属性を審査されるようになりました。**年収としては、最低でも700万円以上（1000万円あることが望ましい）**です。ただし親族などに取引実績があれば、その関係性によって有利な条件で融資を受けられることもあります。実際に著者の林も、親族が取引実績のあった地方銀行から融資を受けた経験があります。そういったつながりは、積極的に利用しましょう。

③地域に密着した 信用金庫・信用組合

信用金庫とは、地域の人々が利用者・会員となって、相互扶助することを目的とした、協同組織の地域金融機関です。銀行は株式会社であり、大企業を含む全国の企業との取引が可能ですが、信用金庫の主な取引先は中小企業や個人です。利益そのものを優先するのではなく、会員すなわち地域社会の利益を優先とする姿勢の金融機関です。

また、信用組合も同じく協同組織の金融機関ですが、根拠法や会員（組合員）資格が信用金庫とは異なり、正式名称は「信用協同組合」といいます。

どちらも、その地域に根ざした金融機関であるため、その信用金庫・信用組合の**営業エリア内に自分が居住しているか、物件がその中にないと融資が受けられません**。信用金庫・信用組合の営業エリアは、信用金庫・信用組合のホームページから確認できます。

しかし地域に根ざしているからこそ、より一層、親族などに取引実績があるのであれば融資を受けられる可能性があります。また一度取引実績ができると、その後の融資について柔軟に対応してくれる場合もあるので積極的に利用することをお勧めします。

④ 日本政策金融公庫

日本政策金融公庫はほかの金融機関と異なり、１００％政府出資の政策金融機関です。

銀行などの一般の金融機関の役割を補完し、国民生活を向上させることを目的としています。日本政策金融公庫の特徴は、**個人の属性が重要視されにくい**という点です。ほかの金融機関では難しかった実績の少ない個人事業主や専業主婦、高齢者でも融資を受けられる可能性があります。

また、これはほかの金融機関でも同様ですが、日本政策金融公庫は特に、不動産投資ではなく「不動産賃貸業」という事業に融資をするという考え方です。よって、**日本政策金融公庫へ融資を申請するためには、事業計画書などを提出する必要があります**。

その融資条件については、融資のハードルが低いにもかかわらず、1%台〜2%台と低金利で借りることができます。また**固定金利なので、金利上昇の心配がありません**。

このように好条件でありながら、比較的小規模な融資（500万円以下）にも積極的で非常に借りやすく、はじめて不動産投資に取り組む人には大変心強い金融機関です。

⑤ノンバンク

ノンバンクとは、通常の金融機関とは異なり、**預金の受け入れをせず、お金を貸すな**

どの与信業務に特化した金融機関です。不動産の融資でよく耳にするノンバンクは、三井住友トラストL&Fやオリックス銀行、セゾンファンデックスなどです。

ノンバンクの特徴は、比較的金利が高いことです。2020年現在、オリックス銀行ならエリアや築年数によって金利2%台の融資の可能性がありますが、三井住友トラストL&Fだと総借入額が5000万円までは金利3・9%、5000万円を超える融資からは2・9%となります。セゾンファンデックスも3・6%以上と、ここまで紹介した都市銀行や地方銀行、信用金庫、日本政策金融公庫と比較しても金利が高くなっています。

しかし、審査のスピードが速く、問題のある物件（違法建築など）や築古物件でも融資をしてくれるなど、融通が利くというメリットがあります。割安な物件はライバルとの競争が激しかったり、多少問題を抱えていたりすることもあるので、これはとても大きなメリットです。また、耐用年数を超えている物件でも長期の融資をしてくれるので、キャッシュフローが多く取れます。そして、日本政策金融公庫ほどではないですが、個人属性によるハードルもそこまで高くありません。なかには個人属性はほとんど重視せず、物件の評価のみで融資内容を決定しているところもあるので、やはりこちらも初心者や高属性ではない人には、重宝される金融機関です。

金融機関の融資目安一覧

さて、ここまで金融機関の種類ごとに、その特徴を見てきました。ここで、あなたならどの金融機関が利用できるのかひと目でわかるように、各金融機関における融資の目安の表を作成しました（次頁参照）。融資打診をする際に、ぜひ参考にしてください。

ただし実際の融資の条件は、その人の属性や物件評価、そのときの市況によっても変わります。先週までは融資をしていても、急遽方針が変わって融資がされなくなるということも日常茶飯事です。ここに記載されている内容は、あくまでもひとつの目安と考えてください。

実際に融資条件がどうなるかは、一度金融機関へ打診してみましょう。金融機関への打診の方法については後ほどお話しするので、そちらを参考にしてください。

金融機関の融資目安一覧

No.	銀行名	金利(目安)	融資期間(目安)	融資上限(目安) ※全体的にフルローンは厳しい	対象属性(目安)	融資エリア(目安)	法人	そのほか
1	りそな銀行	1% 前後	耐用年数	100%	年収 2,000 万円以上	支店のあるエリアすべて	○	収益還元で評価 求める金融資産が高い
2	千葉銀行	0% 台〜 1.5%	上限 35 年	100%	年収 1,000 万円以上	東京、千葉	○	基本積算評価、資産 2000 万円以上が望ましい
3	横浜銀行	1% 前後	耐用年数内	100%	年収 1,000 万円以上	東京、神奈川	○	積算評価を重視
4	静岡銀行	3.3% 〜	上限 35 年	100%	年収 700 万円以上	東京、神奈川、静岡、愛知	○	積算評価を重視
5	神奈川銀行	3% 前後	耐用年数超可	100%	年収 700 万円以上	神奈川	○	1 億円未満が多い
6	SBJ 銀行	3.0% 〜 3.5%	上限 35 年	85% 前後	年収 500 万円以上	支店のある主要都市	○	個人・法人により異なる
7	ハナ信用組合	2.0% 後半〜	上限 30 年	80% 前後	年収 500 万円以上	関東	○	修繕状況で期間延長の可能性あり
8	香川銀行	2% 台	上限 35 年	90%	年収 400 万円以上	1 都 3 県	×	積算評価。個人のみが対象
9	オリックス銀行	2% 〜 3% 台	上限 35 年	100%	年収 700 万円以上 (夫婦合算可能)	政令市例都市	○	「年収 ×10 倍〜 13 倍−残債」他行借入前に使うべき
10	日本政策金融公庫	1% 半〜 2%	10 〜 15 年	100%	年収基準なし	全国	○	最長は 20 年も可能だが、現状は厳しいかも
11	三井住友トラスト L&F	2.9% 〜 3.9%	上限 35 年	80%	年収基準なし	全国	○	共同担保あれば融資額が伸びる可能性あり。5,000 万円以上は 2.9%
12	セゾンファンデック	3.6% 〜	上限 35 年	100%	年収基準なし	全国	○	築古高利回り物件に適す。法人の場合、条件が厳しくなる
13	滋賀銀行	1.95% 〜	上限 25 年	100%	年収基準なし	支店のあるエリア	×	1 棟目のみ。2 棟目以降はリノベ費用
14	スルガ銀行	2% 〜 3%	上限 30 年	90%	年収基準なし	1 都 3 県	○	収益還元で評価。木造だと「50 年−築年数」が融資期間

02 使いやすいのは日本政策金融公庫！

　では実際に、どの金融機関から融資を受けたらいいのでしょうか。

　ある程度の年収や自己資金、賃貸経営の実績があるのであれば、融資条件のいい都市銀行や地方銀行から積極的に融資を受けるべきです。しかし、これから賃貸経営をはじめたいという初心者で、年収や資産がずば抜けて多い人を除いては、いきなり都市銀行や地方銀行から融資を受けることは非現実的です。

　そこで、**まずは日本政策金融公庫から融資を受けることをお勧めします**。

日本政策金融公庫は起業家の味方！

日本政策金融公庫は、先ほどお話ししたとおり、個人の属性に関わらず融資を受けやすい金融機関です。政府系の金融機関ということもあり、地域経済の活性化などを目的に、**起業間もない企業や個人に対しても融資をしています**。不動産投資にかぎらず、新しく事業をはじめる人にとってはとても心強い味方です。事業に対する融資と聞くと、法人しか融資を受けられないと思う人もいるかもしれませんが、そんなことはなく、**個人でも融資を受けられます。**また物件を購入する際に利用する人が多いですが、ほかにもリフォーム費用の融資を受けたり、運転資金を借り入れたりする人もいます。

融資のメリット

これから不動産投資をはじめようとする人でも融資を受けやすい日本政策金融公庫で

すが、ただ借りやすいというだけではなく、次の3点のような非常にメリットが多い内容となっています。

POINT

❶固定低金利でローンを組める
❷女性や35歳未満、55歳以上で新たに事業をはじめる人は優遇される
❸耐用年数をあまり気にしない

❶固定低金利でローンを組める

日本政策金融公庫では、**固定金利かつ低金利でローンを組むことができます**。これが日本政策金融公庫での融資の最大のメリットといっても過言ではありません。

固定金利だと金利上昇リスクがないので、将来金利が上がっても負担が増えることはありません。金融機関で融資を受ける際に、変動金利から固定金利に変更できることも

ありますが、その分金利が高くなってしまうのが一般的です。ところが、日本政策金融公庫の場合は、当初から固定金利が基本となっているうえに金利が低いのです。

また、はじめにお話ししたとおり、一般的に**借りやすさと金利の低さは反比例**します。属性が高くない人への融資は、金融機関からすればリスクが高い案件となるので、その分金利が高くなってしまうのです。しかし、そこはさすが政府系の金融機関、借りやすいうえに低金利という非常にありがたい条件で融資してくれます。

❷女性や35歳未満、55歳以上で新たに事業をはじめる人は優遇される

日本政策金融公庫では、通常の借入期間は最長10年間です。しかし、**女性や35歳未満、55歳以上で新たに事業をはじめる人であれば、場合によっては借入期間を最長15年間とすることができ、金利優遇を受けられる**こともあります。

いずれも実績を評価する一般の金融機関では、むしろ融資を受けづらい可能性のある層ですが、やはり政府系の金融機関としての理念のもと、むしろ条件面を優遇してくれるの

です。ここにあてはまる人は、ぜひ日本政策金融公庫の融資を積極的に利用しましょう。

❸耐用年数をあまり気にしない

金融機関の中には、融資期間は法定耐用年数までというところも多いです。

例 木造なら22年なので、それ以上経過している築古物件では融資が受けられない。

しかし、日本政策金融公庫の場合は、**法定耐用年数がすぎた物件にも融資するので、築古の高利回り物件と相性がいい**のです。反対に新築や築浅で法廷耐用年数が20年以上残っていても、融資期間は最大10年もしくは15年というように決められています。

融資のデメリット

ここまで日本政策金融公庫の融資のメリットを紹介してきましたが、当然デメリットもあります。

それは、**借入期間が最長10年または15年と短いので、どうしても毎月の返済額が大き**

くなってしまうことです。そのため、家賃収入に対する返済比率が高くなり、ひどい場合は返済額が家賃収入を超えてしまい、毎月の収支がマイナスになってしまうという可能性があります。

収支を十分プラスにするためには、ある程度の頭金を入れて借入金額を少なくするか、かなり利回りが高く、高い収益がでる物件を購入する必要があります。

融資を利用する際の注意点

最後に、日本政策金融公庫の融資を利用する際の注意点についてお話しします。

これはほかの金融機関でも同様ですが、次の点に注意します。

!

日本政策金融公庫は不動産投資には融資をせず、不動産賃貸業に融資をする

ポイントは、次の2点です。

P POINT

❶申込書（創業計画書）への記述や面談の際に不動産投資という言葉は使わず、不動産賃貸業という文言を使用する
❷事業への融資なので、事業の計画性が審査され、はじめて融資を受ける際には創業計画書の提出が必要

また、売却益を目的とした不動産投資をする場合は、融資を受けられません。不動産賃貸業をするということで融資を受けるので、間違っても売却益をねらっているような話をしてはいけません。

以上のように、日本政策金融公庫の融資には、デメリットや注意点もありますが、それを補って余りあるメリットがあります。何よりも、何の実績もなく、年収や自己資金が少ない人でも融資を受けられる可能性があるわけですから、ぜひ有効に活用しましょう。

次頁に日本政策金融公庫に提出する「創業計画書」の記入例を載せておきます。

日本政策金融公庫「創業計画書」記入例 右頁

☆　この書類は、ご面談にかかる時間を短縮するために利用させていただきます。
　　なお、本書類はお返しできませんので、あらかじめご了承ください。
☆　お手数ですが、可能な範囲でご記入いただき、借入申込書に添えてご提出ください。
☆　**この書類に代えて、お客さまご自身が作成された計画書をご提出いただいても結構です。**

5　従業員

常勤役員の人数（法人の方のみ）	1　人	従業員数（3ヵ月以上継続雇用者※）	人	（うち家族従業員）　人 （うちパート従業員）　人

※　創業に際して、3ヵ月以上継続雇用を予定している従業員数を記入してください。

6　お借入の状況（法人の場合、代表者の方のお借入）

お借入先名	お使いみち	お借入残高	年間返済額
	□事業　□住宅　□車　□教育　□カード　□その他	万円	万円
	□事業　□住宅　□車　□教育　□カード　□その他	万円	万円
	□事業　□住宅　□車　□教育　□カード　□その他	万円	万円

7　必要な資金と調達方法

	必要な資金	見積先	金額
設備資金	店舗、工場、機械、車両など （内訳）		2,248　万円
	・物件購入費		2,000
	・仲介手数料		70
	・印紙税		8
	・司法書士報酬額		20
	・登録免許税		70
	・火災保険料		50
	・不動産取得税		30
運転資金	商品仕入、経費支払資金など （内訳）		18　万円
	・広告費（空1室の家賃3か月分）		12
	・ハウスクリーニング代		6
	合計		2,266　万円

調達の方法	金額
自己資金	248　万円
親、兄弟、知人、友人等からの借入 （内訳・返済方法）	万円
日本政策金融公庫　国民生活事業からの借入	2,000　万円
他の金融機関等からの借入 （内訳・返済方法）	万円
合計	2,248　万円

8　事業の見通し（月平均）

		創業当初	1年後又は軌道に乗った後（3年　4月頃）
売上高①		240　万円	288　万円
売上原価②（仕入高）		万円	万円
経費	人件費（注）	万円	万円
	家賃	万円	万円
	支払利息	4　万円	4　万円
	その他	35　万円	38　万円
	合計③	39　万円	42　万円
利益①－②－③		201　万円	246　万円

売上高、売上原価（仕入高）、経費を計算された根拠をご記入ください。

〈創業当初〉
①売上高　現況家賃収入　月200,000円×12カ月＝2,400,000円
その他：
管理委託費（5.50%）　2,400,000×0.055＝132,000円
水道光熱費　22,000円
浄化槽管理費　36,000円
消防点検　40,000円
固定資産税　120,000円
計　350,000円
〈軌道に乗った後〉
①売上高　満室想定家賃収入　月240,000円×12カ月＝2,880,000円
その他（変更点のみ）：
管理委託費（5.50%）　2,880,000×0.055＝158,400円
計　376,400円

（注）個人営業の場合、事業主分は含めません。

9　自由記述欄（追加でアピールしたいこと、事業を行ううえでの悩み、欲しいアドバイス等）

ほかに参考となる資料がございましたら、併せてご提出ください。

（日本政策金融公庫　国民生活事業）

「不動産賃貸業」なので、数字の根拠は明確にしておく

不動産投資という言葉はNG。必ず「不動産賃貸業」という文言を使用する。また、「資産形成をしたい」「収入を得たい」などの個人的な理由ではなく、社会性のある動機にする

日本政策金融公庫「創業計画書」記入例 左頁

創　業　計　画　書

お名前　佐藤　由紀

1　創業の動機（創業されるのは、どのような目的、動機からですか。）

	公庫処理欄
私は自身の仕事を通じ、経済的な理由や所有者の不作為により、良好な住環境を確保できていない人が多くいることを学びました。今回中古の賃貸用不動産を購入し、不動産賃貸業をすることで、高齢等を理由に運営から身を引きたい所有者に代わり、住環境を整備できると考え、創業を決意しました。まだ30歳という年齢であることから、今後さらに多くの良質な住環境を提供できる大家になりたいと思います。	

2　経営者の略歴等（略歴については、勤務先名だけではなく、担当業務や役職、身につけた技能等についても記載してください。）

年　月	内　容	公庫処理欄
平成28年4月	株式会社〇〇〇 入社	
過去の事業経験	☑事業を経営していたことはない。 □事業を経営していたことがあり、現在もその事業を続けている。 （⇒事業内容：　　　） □事業を経営していたことがあるが、既にその事業をやめている。 （⇒やめた時期：　　年　　月）	
取得資格	□特になし　☑有（2級ファイナンシャル・プランニング技能士　番号等　　）	
知的財産権等	☑特になし　□有（　　□申請中　□登録済　）	

3　取扱商品・サービス

取扱商品・サービスの内容	① 賃貸用不動産（居住用）（売上シェア　100　%）		
	②（売上シェア　　%）		
	③（売上シェア　　%）		
セールスポイント	築年数を感じさせない清潔感や明るさのあるリフォーム等を、DIYや施主支給により割安で実施することで、家賃を抑えながらも入居者に満足してもらえる居室を用意する。	公庫処理欄	
販売ターゲット・販売戦略	自分自身に年齢や環境が近い「若年の単身者やカップル、子育て世帯等」をメインターゲットとし、若年者からニーズの高い設備（インターネット無料や独立洗面台等）やサービス（家具家電プレゼントや更新料大家負担等）を提供することで差別化を図る。		
競合・市場など企業を取り巻く状況	〇〇市中心部と〇〇市中心部の中間に位置するため、両市へのアクセスを求める世帯から賃貸需要を見込める。また、国道やインターに近く、商業施設も複数近隣に存在し、生活しやすい環境である。		

4　取引先・取引関係等

	フリガナ 取引先名 （所在地等（市区町村））	シェア	掛取引の割合	回収・支払の条件	公庫処理欄
販売先	一般個人 （〇〇市〇〇地区）	100 %	%	日〆　日回収	
	（　）	%	%	日〆　日回収	
	ほか　社	%	%	日〆　日回収	
仕入先	（　）	%	%	日〆　日支払	
	（　）	%	%	日〆　日支払	
	ほか　社	%	%	日〆　日支払	
外注先	（　）	%	%	日〆　日支払	
	ほか　社	%	%	日〆　日支払	
人件費の支払	日〆　日支払（ボーナスの支給月　月、　月）				

03
使える金融機関をどんどん開拓しよう！

それぞれの金融機関の特徴を理解したら、融資を受けるために金融機関に打診をしていきましょう。日本政策金融公庫以外で融資が受けられれば、それだけ不動産を買える可能性が高まります。

融資を受けるための打診のタイミングが大切で、「買いたい物件を見つけてからゆっくり融資してくれる金融機関を探す」という方法だと、正直いい物件を買うのはかなり厳しいです。**いい物件は競争なので、事前にある程度どの金融機関を使ったら融資を受けられるのかを把握しておくようにします**。

では自分が使えそうな金融機関をどんどん開拓していきましょう！　といっても、どうやって開拓すればいいのかわからないですよね。そこで、ここでは金融機関を開拓して、融資を受けるための方法について見ていきます。

金融機関を開拓する方法❶
紹介を受ける

不動産投資をはじめたばかりのころは、大家としての実績も金融機関とのつながりもないので、金融機関を紹介してもらうようにしましょう。

不動産仲介会社は、金融機関とのつながりがあることが多いので、その担当者の紹介で融資を打診するのは効果的です。仲介会社のほうで、年収や自己資金から利用できる金融機関を見繕ってくれるでしょう。必要書類なども仲介会社がアドバイスをくれて、審査段階での面談に同席してくれることもあります。ただし、つながりのある金融機関を紹介されるのが一般的なので、よりよい融資を求めて、多くの金融機関に打診したいと思うなら、自分でも開拓をすべきです。

また、**大家仲間を通じて、金融機関の融資担当者を紹介してもらう**という方法もあります。ただし、あなたとまったく異なる属性の人から紹介を受けると、その人は融資を受けることができても、あなたは融資が受けられないということもあります。できるだけ自分と近い属性の人から、紹介を受けるといいでしょう。

金融機関を開拓する方法❷

飛び込みで開拓する

紹介以外にも、飛び込みで金融機関を開拓する方法があります。飛び込みといっても**いきなり店舗を訪問するのではなく、事前に電話でヒアリングをする**ようにします。

直接店舗へ行くと、融資の担当者が不在であったり忙しかったりして、きちんと対応してもらえないこともあります。店舗を訪問する場合は、事前に電話でアポを取ってから行くようにしましょう。

事前に電話でヒアリングする際は、**「不動産賃貸業向けの融資のご相談をさせていただきたいのですが、ご担当者様はいらっしゃいますか？」という風に尋ねれば、担当者につないでもらえます**。担当者につないでもらったら、自己紹介をして、不動産賃貸業向け融資についてヒアリングさせてくださいと伝えます。

そして、ヒアリングする際には、下図のようなことを聞き取ります。

❶「不動産賃貸業向け融資の状況は？　サラリーマンなどにも積極的に融資をしているか？」

その金融機関の不動産賃貸業向け融資の状況を確認します。

例　地主ではないのに、土地を持っている人にしか融資をしていませんと言われたら、それ以上聞いても時間の無駄です。

また、サラリーマン大家さんには融資していないという信用金庫もあったりします。その場合は、別の金融機関にアタックします。

金融機関ヒアリング項目一覧

ヒアリング項目
❶融資姿勢に関すること
不動産賃貸業向け融資の状況は？ サラリーマンなどにも積極的に融資をしているか？
❷個人属性に関すること
融資を受けられる人（または法人）の住所は？
融資を受けられる人の年収や資産状況は？
❸物件評価に関すること
融資対象となる物件の価格や築年数、構造は？
融資対象となる物件のエリアは？
❹融資条件に関すること
融資期間や金利の目安は？
融資金額は、物件価格の何割までが上限か？

②「融資を受けられる人（または法人）の住所は？」「融資を受けられる人の年収や資産状況は？」

そもそも自分が融資の審査の土台に乗るのかを判断します。信用金庫だと営業エリア外に住んでいる人には融資をしないのが一般的ですし、都市銀行だと年収や資産の条件が厳しくなります。

③-1「融資対象となる物件の価格や築年数、構造は？」

その金融機関にマッチングする物件はどんな物件なのかを判断します。○千万円以上の物件でないと融資しないという金融機関もありますし、融資期間は耐用年数までと言われれば、築古物件を打診しても意味がありません。

③-2「融資対象となる物件のエリアは？」

打診する物件が対象エリアかどうかということに加えて、対象エリアがどこまでなのかを聞いておくことで、その次に打診するときの目安になります。

④-1「融資期間や金利の目安は？」

どんな物件であれば、収支が回るのかを判断します。

例 低金利だけど融資期間は耐用年数までと言われれば、築古で高利回りの物件よりも、利回りは低くても新築の物件のほうが向いていることになります。

④-2「融資金額は、物件価格の何割までが上限か？」

自分の自己資金で、購入できる物件の上限価格を割り出します。

例 物件価格の9割が融資上限で自己資金が300万円なら、諸費用も踏まえると2500万円ぐらいが上限となります。

以上の内容を聞き取り、自分の投資基準とマッチしていると判断できれば、アポを取って、物件資料とともに面談に向かいます。その際には、さまざまな資料を作成して持参しますが、その前にヒアリング時の注意事項を見ておきましょう。

ヒアリングの肝は「慣れること」

さて誰のツテもなく、いきなり金融機関に電話をかけることはすごくハードルが高いことのように思うかもしれませんが、**実際に電話をかけてみると、担当者は親身になって対応してくれますし、ヒアリング内容を事前に整理しておけば、電話で話につまることもありません**。

はじめは緊張しますが、電話することに慣れてしまえば、自然と会話ができるようになって、聞くべき要点もさらに整理されていきます。そうなれば、担当者との信頼関係も築きやすくなり、次からはスムーズに融資を打診できるようになります。

就職活動をしたことがある人は、採用面接のときを思い出してみてください。最初に入社試験を受けた会社では、面接でもしどろもどろになって何を言っているのか自分でもよくわからない状態だったと思います。それが、数をこなすことで場慣れするとともにに、自分の頭の中も整理されてきて自然と会話ができるようになるのと同じです。

金融機関に電話するのも同じで、こちらは失敗しても何も失うものはありません。恐れることなくどんどん電話をかけて、ヒアリングしていきましょう。

金融機関開拓時の注意点

それでは、金融機関に電話をしたり、訪問をしたりする際の注意点についてまとめていきます。

まずこれはあたりまえのことですが、**社会人として常識のある行動**を取りましょう。

何も難しいことはありませんが、まれに時間にルーズで面談に遅刻したり、「自分は客だぞ」という高慢な態度を取ってしまう人がいます。仲介会社との関係づくりと同様ですが、やはり**ビジネスパートナーとしての意識を持つことが重要**です。

次の4点に気をつけるだけで、相手の印象が変わってきます。

POINT

❶礼儀正しく、挨拶をきちんとする
❷身だしなみを清潔に
❸さわやかに笑顔で
❹相手の立場を考えて、無理な提案ばかりしない

本当に難しいことはまったくないですが、意外とできていない人も多いので、こういった意識を持つだけでも、十分ほかの投資家と差別化することができます。

ウソをついてはダメ！

融資条件をよりよくしたいからといって、**既存の借入があるのにないと言ったり、年収を偽ったりすることは絶対にやめましょう**。それがウソだとわかった瞬間に、一気に信用がなくなり、融資を受けられなくなります。それだけならまだいいですが、ウソを

ついて融資を受けていた場合、そのウソが判明した時点で一括返済を求められる可能性があります。人を騙したりすると、最終的には自分自身にあだとなって返ってくるので、絶対にやめましょう。

また、ひと昔前には**一法人一物件スキーム**というものが流行していました。物件を買うごとに法人をつくって、その法人の存在を金融機関に隠すことで、既存の借入がないように見せるやり方です。多くの投資家が実施していましたが、なかには一括返済を求められた人もいるようです。やはりウソや隠しごとはせず、自分の実力で堂々と融資を受けられるようにすべきです。

経営者としての意識を持ち、事業目標を明確に

日本政策金融公庫の節でもお話ししましたが、**いずれの金融機関も、「不動産投資」には融資をしません。しっかりとした事業計画や目標がある、「不動産賃貸業」に融資をします**。その目標や熱意をしっかりと整理し、経営者としての自覚をもって融資打診

をする必要があります。

賃貸需要や家賃相場、入居者のターゲットなどは、仲介会社からもらう資料を見るだけではなく自分でも調査し、その結果を整理した資料を融資打診時には提出すべきです。そこでも、自分のビジネスプランを金融機関へアピールします。これは自分の意気込みや熱意のアピールにもなります。不動産賃貸業の融資打診をする人は主に地主や不動産投資家ですが、自分自身で賃貸需要を調査し、資料として提出してくる人はそんなに多くありません。具体的にどんな資料をつくるべきか186頁以降でお話しするので参考にしてください。

あなたは不動産賃貸業を営む経営者となるわけですから、貸借対照表やキャッシュフロー表といった最低限の財務や金融の知識は身につけておきましょう。

著者3人の金融機関開拓方法

それでは、ここで、著者3人がどんな方法で金融機関を開拓していったのか、その実例や心がけていることについて、ご紹介します。

林の場合
仲間とのネットワークを活かす開拓方法

仲介会社からの紹介で金融機関に融資打診をすることも多いですが、**大家仲間が実際に融資を受けた金融機関を紹介してもらう**こともあります。年収や自己資金などの属性が近い友人から紹介してもらう金融機関は、自分にも融資してくれる可能性が高いので、融資獲得の確率が高くなります。

また、**友人がすでに金融機関へ打診をしていたけれど、諸事情であきらめた物件をそのまま引き継ぐこともあります**。その場合は、物件の評価出しが終わっているので審査がスムーズです。友人としても、ほかに買ってくれる人が見つかることで、物件を紹介してくれた仲介会社に顔向けしやすくなります。

いずれの場合も**大家仲間とのつながりによって金融機関を開拓するパターン**ですが、逆に自分が金融機関の担当者を紹介することもあります。お互い紹介しあうことで、良好なネットワークを形成することができるのです。

仲介会社からの紹介で融資の打診をするときも、ただ仲介会社にいわれた書類を用意するだけでなく、**自分で賃貸需要や不動産価格の調査をした資料を用意します**。そうすることで金融機関へのアピールだけでなく、仲介会社にも熱意や本気度を伝えることができるので、またいい物件を紹介してもらいやすくなります。

このように、人とのつながりを大切にすることで金融機関を開拓していき、物件購入につなげています。

辻の場合 紹介からだけではなく、平日休みも活用

金融機関に関しては、大家仲間からの紹介や仲介会社からの紹介が多いです。

仲介会社からの紹介では、仲介会社によってつながりの深い金融機関が異なるので、**はじめて会う仲介会社には、どこの金融機関とつながりがあるかを確認するようにしています**。

そして、ほかの仲介会社ではあまり聞かないような金融機関とつながりがある場合、まずはその仲介会社経由でコンタクトを取ります。ある程度の回数やり取りをしたら、今度は個人的に、直にその金融機関の担当者へ連絡を取るようにして、物件が出てきた都度、融資を打診するようにします。

大家仲間からの紹介では、大家ネットワークを活かして、実際に別の仲間が融資を受けた担当者を直接紹介してもらうこともあります。紹介してもらった担当者と直接やり取りするうちに、「辻さんの属性や資産背景であれば、こういった物件なら融資承諾の可能性が高いです」と言ってもらえたことがあります。その際は、その条件に当てはまるような物件を探していました。

また、平日が休みの日には、可能なかぎり金融機関にアポを取って相談に向かうようにします。サラリーマンをしていると、金融機関が空いている時間は仕事中で動けないことがほとんどですが、たまの休みをうまく活用して、地道に金融機関とのつながりを拡げていいます。

富治林の場合

テレアポでどんどん開拓

仲介会社や大家仲間からの紹介を活用しますが、金融機関への電話営業（テレアポ）も実施します。それぞれの開拓方法の利点についても、お話ししたいと思います。

仲介会社や大家仲間からの紹介のメリット❶ 効率的

金融機関の詳しい情報を共有してもらうことで、その金融機関にマッチしない物件を打診することはありません。また個人属性がマッチしないということもないので、金融機関へ融資の打診をして、断られる可能性が低いです。

仲介会社や大家仲間からの紹介のメリット❷ 柔軟な対応

金融機関を紹介してもらうと、初見で行く場合よりも信頼関係が築きやすいので、融資条件や融資スケジュールなどについて、柔軟に対応してもらえる可能性があります。

このようにメリットが多いですが、「紹介」であるからこそ、金融機関にも、紹介し

てくれた人にも、失礼のないように対応することを心がけています。

例 融資打診の際は、金融機関の担当者に余計な時間を取らせないよう、資料作成などの事前準備をしっかりしていきましょう。

テレアポのメリット　取引できる金融機関を掘り起こせる

続いてテレアポですが、こちらは時間を使って、自ら直接金融機関を開拓するパターンです。「インターネットで検索⇓電話相談」というステップを踏む必要があるため、紹介と比較して時間も労力もかかります。

しかし、**ほかの不動産投資家では取引できないような金融機関を開拓できる可能性があります**。取引できる金融機関の幅が増えることで、不動産を購入できるチャンスが増すことになるので、やはりテレアポも重要です。

紹介と違って、まったく知らない状態からのスタートなので、自分がどのような事業をしているのか、金融機関に理解してもらえるよう十二分に説明することを心がけています。

04

金融機関提出用資料のつくり方❶

個人評価に関する書類

金融機関の開拓方法もわかり、あてはまりそうな物件も見つかったとなれば、いよいよ融資を打診することになります。そのための資料づくりに取りかかりましょう。

金融機関の不動産賃貸業向け融資の審査には、次の2つがあります。当然ですが、**評価がいいほうが、よりいい融資条件を得られます**。

POINT

❶その人個人に対する評価
❷その物件に対する評価

❶の個人に対する評価についていえば、年収を偽るといったことは言語道断ですが、その見せ方によっては好評価を得られる場合があります。ここではまず、金融機関に提出する個人評価に関する書類の作成方法と、好評価を受けるための方法について見ていきます。

個人評価に関する書類をそろえよう！

個人評価に関する必要書類は、**自分の収入や資産に関する証明**です。具体的には次のようなものがあります。金融機関から求められたときにすぐに提出できるように、常日ごろから整理をしておきましょう。

個人評価に関する書類

1 過去3年分の源泉徴収票、確定申告書：源泉徴収票は、職場から渡されるものをPDFなどにして保存しておく。サラリーマンで副業している人や個人事業主など確定申告をしている人は、確定申告書の提出も求められる

❷**本人確認書類**：運転免許証やパスポート、保険証など

❸**自己資金エビデンス**：預金であれば銀行通帳の写し、生命保険であれば保険証書などを提出する

❹**所有物件情報関連書類**：所有不動産・借入金一覧表、所有物件レントロール、収支報告書（管理会社からの毎月の報告書。直近3カ月分）、登記簿謄本、借入金返済予定表、固定資産税都市計画税課税明細書

❺**プロフィールシート**

このなかで❶～❸は用意するだけですが、審査申し込み時点で郵送かPDFデータをメールに添付して送付するなどして提出します。面談がある際は、そのときに現物を持参するよう求められる場合もあります。これは、改ざんなどがされていないか確認するためです。

❹の所有物件情報は自分で作成するものと用意するものとがあるので、資料作成の時間など余裕をもって取り組みましょう。❺のプロフィールシートは資料として自分で作成する必要があります。❹、❺に関しては、次項以降、詳しく見ていきます。

4 「所有物件情報」のつくり方

所有物件情報は、**所在地、家賃収入や返済の状況など、自分の持っている不動産の詳細について記載します**。

まだ所有不動産がない人は不要ですが、所有不動産がある人は資料を作成します。読者プレゼントとして、「所有物件一覧テンプレート」を用意しているので、ぜひ活用してください。

まず「所有不動産・借入金一覧表」には、物件の写真や用途（アパート、マンションなどの種別）、所在地、構造、築年月日、家賃収入、そして返済の状況について記載します（次頁上図参照）。

また家賃収入については、各部屋の賃料や契約期間がわかるように、次頁下図のような所有物件レントロールも作成します。

さらに、所有不動産に関する「収支報告書（管理会社からの毎

DL https://www.jyooya.com/book-tokuten

PowerPoint 所有物件一覧テンプレート

あなたが持っている不動産情報。金融機関が融資をするにあたって、あなたがどんな物件を持っているかはとても重要な情報なので、しっかりまとめましょう。

月の報告書。直近3カ月分）」「登記簿謄本」「借入金返済予定表」「固定資産税都市計画税課税明細書」も提出が必要なので、準備しておきましょう。

ここまでが、最低限必要な資料です。

加えて可能なら、**各部屋の入退去の推移や、収支の計画・実績についてま**

所有不動産・借入金一覧表記入例

所有不動産

用途	所在地	構造	築年月日	月間家賃
アパート	東京都練馬区大泉町○-○	木造	H6.4（築25年）	216,000円（利回り12%）

借入金一覧

借入先	金利	期間	融資開始年月	融資残高	返済月額
○○銀行○支店	1.80%	15年	R2.11.18	18,000,000円	114,000円
合計				18,000,000円	114,000円

※所有不動産の登記簿謄本や借入金の返済予定表は別紙を参照してください。

所有物件レントロール記入例

号室	資料	共益費	契約期間
101	41,000円	2,000円	R1.10.2～R3.10.1
102	30,000円	2,000円	H31.4.15～R3.4.14
103	33,000円	2,000円	H31.4.2～R3.4.1
201	33,000円	2,000円	R2.1.25～R4.1.24
202	30,000円	2,000円	R2.6.30～R4.6.29
203	31,000円	2,000円	R2.3.28～R4.3.27

※別途駐車場収入6,000円あり。
※詳細は収支報告書（別紙）をご参照ください。

とめたシートを作成しましょう。入退去の推移をまとめると、自分の物件の稼働率の良さをアピールすることができます。

また収支予測などを自分で作成することで、計画的に事業をしていることを金融機関にアピールできます。自身の経営状況を把握し、今後の投資戦略にも役立つので、大変ですががんばって作成しましょう。

所有不動産入退去推移について記入例

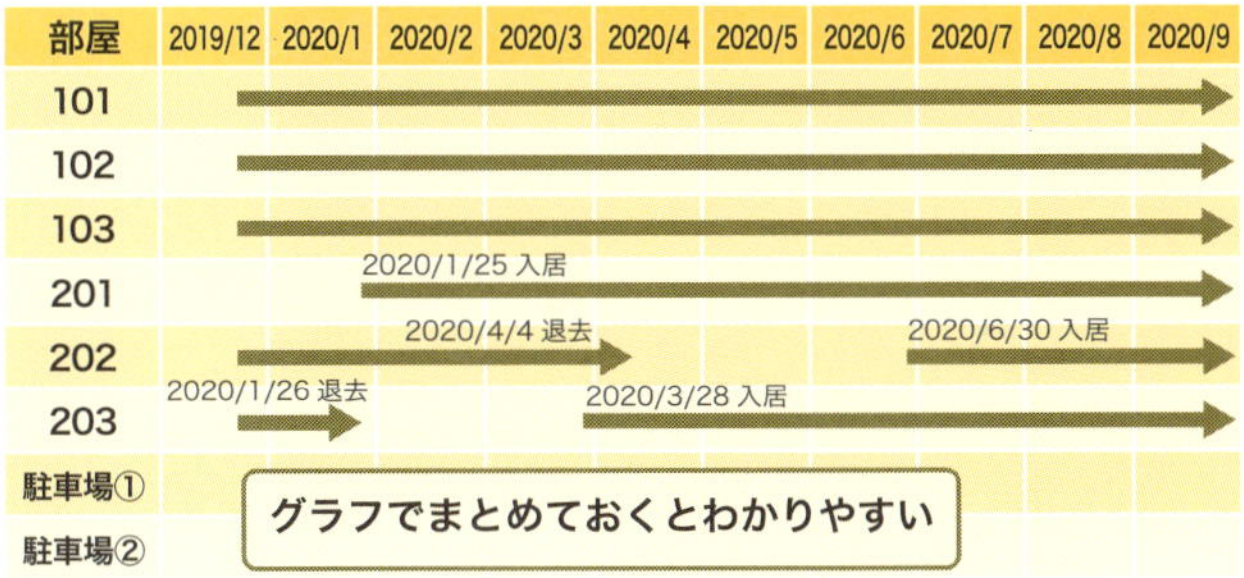

入退去推移状況

201 号室：2020/1/25 入居
202 号室：2020/4/4 退去
　　　　⇒2020/6/30 入居
203 号室：2020/1/26 退去
　　　　⇒2020/3/28 入居
駐車場もそれぞれ 3/28、4/10 に契約

入居状況を補足しておく

入居付けのための具体的施策

・管理会社・客付け会社訪問によるコミュニケーション促進
・プロパンガス会社変更によるガス料金低減および設備の充実のため以下設備を新設
　- 給湯器
　- テレビモニターホン
　- シャワートイレ
　- エアコン
　- ガスコンロ
・自身での賃貸募集サイト掲載等

入居付けのためにやったことを補足しておく

期首計画と実績記入例（期首計画）

収支の期首計画を立てる。入退去は修繕が発生しない1番理想的な想定にしておく（実際には難しいかも）

【収入の部】	1月	2月	3月	4月	5月	6月	7月	8月	9月	10月	11月	12月	合計
家賃	261,161	192,000	192,000	192,000	192,000	192,000	192,000	192,000	192,000	192,000	192,000	192,000	2,373,161
共益費		18,000	18,000	18,000	18,000	18,000	18,000	18,000	18,000	18,000	18,000	18,000	198,000
駐車場		6,000	6,000	6,000	6,000	6,000	6,000	6,000	6,000	6,000	6,000	6,000	66,000
更新料	0	0	0	0	0	0	0	0	0	0	0	0	0
敷金・礼金	120,000	0	0	0	0	0	0	0	0	0	0	0	120,000
【収入の部】小計	381,161	216,000	216,000	216,000	216,000	216,000	216,000	216,000	216,000	216,000	216,000	216,000	2,757,161
【支出の部】													
広告費	0	0	0	0	0	0	0	0	0	0	0	0	0
仲介手数料	0	0	0	0	0	0	0	0	0	0	0	0	0
管理費	20,583	11,664	11,664	11,664	11,664	11,664	11,664	11,664	11,664	11,664	11,664	11,664	148,887
水道代	734	734	734	734	734	734	734	734	734	734	734	734	8,808
電気代	950	950	950	950	950	950	950	950	950	950	950	950	11,400
JCOM	8,906	6,415	6,415	6,415	6,415	6,415	6,415	6,415	6,415	6,415	6,415	6,415	79,471
修繕費	0	0	0	0	0	0	0	0	0	0	0	0	0
その他	0	0	0	0	1,400	0	0	0	0	0	0	0	1,400
火災保険	278,080	0	0	0	0	0	0	0	0	0	0	0	278,080
固都税	4,409			30,700			28,000			28,000		28,000	119,109
不動産取得税							316,400						316,400
ローン返済（元金）	27,949	28,040	28,131	28,223	28,315	28,407	28,499	28,592	28,685	28,778	28,872	28,965	341,456
ローン返済（利子）	114,863	81,159	81,068	80,976	80,884	80,792	80,700	80,607	80,514	80,421	80,327	80,234	1,002,545
【支出の部】小計	486,474	128,962	128,962	159,662	130,362	128,962	473,362	128,962	128,962	156,962	128,962	128,962	2,307,556
収入 - 支出	-75,313	87,038	87,038	56,338	85,638	87,038	-257,362	87,038	87,038	59,038	87,038	59,038	449,605

※満室想定、突発的な修繕無しの理想的な状態

期首計画と実績記入例（実績）

計画に対して実績がどうかを記入する

【収入の部】	1月	2月	3月	4月	5月	6月	7月	8月	9月	10月	11月	12月	合計
家賃	150,451	198,000	128,000	163,000	189,100	175,566	192,000	192,000	192,000	192,000	192,000	192,000	2,156,117
共益費	14,322	18,000	12,000	15,000	17,700	16,300	18,000	18,000	18,000	18,000	18,000	18,000	201,322
駐車場	6,000	6,000	6,000	3,000	5,700	3,000	3,000	3,000	3,000	3,000	3,000	3,000	47,700
更新料	0								32,400				32,400
敷金・礼金	0												0
【収入の部】小計	170,773	222,000	146,000	181,000	212,500	194,866	213,000	213,000	245,400	213,000	213,000	213,000	2,437,539
【支出の部】													
広告費	0	29,000	0	0	29,000	0	0	0	0	0	0	0	58,000
仲介手数料	0	0	0	0	29,000	0	0	0	0	0	0	0	29,000
賃貸借代理業務費	0	0	14,500	0	0	14,500	0	0	0	0	0	0	29,000
管理費	9,221	11,988	7,884	9,774	11,475	10,522	11,502	11,502	11,502	11,715	11,715	11,715	130,515
水道代	734	734	734	734	734	734	734	734	734	734	748	748	8,836
電気代	814	822	1,526	730	746	655	694	711	684	722	796	751	9,651
JCOM	6,415	6,415	6,415	6,415	6,415	6,415	6,415	6,415	6,415	6,415	6,415	6,415	76,980
修繕費	0	0	34,128	0	27,000	17,820	0	0	0	0	0	0	78,948
その他	0	0	0	0	2,000	0	0	0	135	0	137	0	2,272
保険	40,880	0	0	0	0	0	0	0	0	0	0	0	40,880
更新事務手数料	0	0	0	0	0	0	0	0	16,200	0	0	0	16,200
固都税	0	0	0	0	29,100	0	28,000	0	0	28,000	0	28,000	113,100
不動産取得税	0	0	0	0	0	0	316,400	0	0	0	0	0	316,400
ローン返済（元金）	29,059	29,154	29,249	29,344	29,439	29,535	29,631	29,727	29,823	29,921	30,018	30,115	355,015
ローン返済（利子）	80,140	80,045	79,950	79,855	79,760	79,664	79,568	79,472	79,376	79,278	79,181	79,084	955,373
【支出の部】小計	167,263	158,158	174,386	126,852	244,669	159,845	472,944	128,561	144,869	156,785	129,010	156,828	2,220,170
収入 - 支出	3,510	63,842	-28,386	54,148	-32,169	35,021	-259,944	84,439	100,531	56,215	83,990	56,172	217,369

5年間の収益計画を立てる

収益予測記入例

	平成30年（2018年）物件名		2019年 物件名		2020年 物件名		2021年 物件名		2022年 物件名		合計	
	計画	実積	計画	実積	計画	実積	計画	実積	計画	実積	計画	実積
賃料合計	2,637,161	2,338,562	2,610,789	2,405,139	2,584,681		2,558,835		2,533,246		12,924,713	4,743,701
その他収入	120,000	120,000	0	32,400	0		0		0		120,000	152,400
収入合計	2,757,161	2,458,562	2,610,789	2,437,539	2,584,681		2,558,835		2,533,246		12,572,864	5,195,471
収益率	100.0%	89.2%	—	93.4%							—	—
管理費	148,887	132,762	140,983	130,515	139,573		138,177		136,795		704,414	263,277
その他費用	379,159	904,081	481,970	349,767	481,970		481,970		481,970		2,307,039	1,253,848
管理／費用計	528,046	1,036,843	622,953	480,282	621,543		620,147		618,765		3,011,453	1,517,125
管理費率	5.4%	5.4%	5.4%	5.4%	5.4%		5.4%		5.4%		5.6%	5.1%
その他費用率	13.8%	36.8%	18.5%	14.3%	18.6%		18.8%		19.0%		18.3%	24.1%
返済額	1,344,001	1,344,001	1,344,001	1,310,388	1,344,001		1,344,001		1,344,001		6,720,005	2,654,389
返済比率	48.7%	54.7%	51.5%	53.8%	52.0%		52.5%		53.1%		53.4%	51.1%
税金	435,509	435,509	119,109	113,100	119,109		119,109		119,109		911,945	548,609
税金比率	15.8%	17.7%	4.6%	4.6%	4.6%		4.7%		4.7%		7.3%	10.6%
残高（= CF）	449,605	-357,791	524,727	533,769	500,029		475,578		451,371		2,401,309	175,978
CF 比率	16.3%	-14.6%	20.1%	21.9%	19.3%		18.6%		17.8%		19.1%	3.4%
取得価格に対する CF 比率	1.8%	-1.4%	2.1%	2.1%	2.0%		1.9%		1.8%		—	—

計画値と実績値について

計画と実績を比較して総評する

例 **実績を見て修繕費が高くついていたら、「来期以降はそれを削減するために〇〇をしていきます」というように、具体的な施策を立てる。**

実積を分析することで、事業としてやっていることをアピールする

5 プロフィールシート

続いて、プロフィールシートを作成します。こちらは、**自分の収入や自己資金、家族関係などをまとめた書類**です。

第2章でご紹介した、不動産仲介会社に提出するものを使用してもいいですが、金融機関に提出するものは正式に審査に使われるものなので、より正確な情報で作成しましょう。こちらも読者プレゼントとしてテンプレートを用意しているので、ぜひ活用してください。

そして金融機関に提出するプロフィールシートには、必ず**貸借対照表**を添付します。これを見ると、自分の資産状況がひと目でわかるようになります。貸借対照表については次項で詳しく見ていきます。

DL　https://www.jyooya.com/book-tokuten

PowerPoint　プロフィールシートテンプレート

あなた自身の情報をまとめたもの。あなたの素性がはっきりとわかるように、家族構成も含めてしっかり作成しましょう。

プロフィールシート記入例

●本人情報資料

氏名（フリガナ）	サトウユキ 佐藤由紀
住所	〒000-0000 東京都練馬区大泉町○-○-○メゾンカタクリ 102
電話番号	080-0000-0000
メールアドレス	satoxxxx@xxx.com
生年月日	1990 年 11 月 18 日
自宅の状況	賃貸
配偶者有無	なし
勤務先	株式会社○○○　東京都千代田区神田猿楽町○-○-○
緊急連絡先（実家）	03-0000-0000

●家族構成

父	
氏名 (フリガナ)	サトウシンゾウ 佐藤晋三
生年月日	1957 年 3 月 1 日
勤務先	○○商事　東京都中央区銀座○-○-○
母	
氏名 (フリガナ)	サトウエリコ 佐藤江梨子
生年月日	1962 年 1 月 13 日
姉	
氏名 (フリガナ)	サトウワコ 佐藤和子
生年月日	1988 年 10 月 27 日
居住地	東京都文京区本郷○-○-○-402

貸借対照表を準備しよう！

貸借対照表とは、自分の資産と負債のバランスを示した表のことで、バランスシートとも呼ばれます。

左側に「資産の部」が表示され、右側に「負債の部」と「純資産の部」が表示されます。

資産は現金や株式、生命保険、不動産などのことで、負債は他人資本、つまり借入金などのことをいいます。純資産は自己資本のことを指します。

これを作成しておくと、自分の資産と負債はどちらが多いのか、ひと目でわかるようになりま

貸借対照表例

資産の部（単位：千円）		負債の部（単位：千円）	
普通預金	7,000	借入残高	21,500
定期預金	2,000	不動産①	20,000
生保返戻金	1,000	自動車ローン	1,500
不動産①	30,000	**純資産の部（単位：千円）**	
内訳（土地）	25,000	純資産合計	18,500 自己資本比率：46%
内訳（建物）	5,000		
資産合計：40,000千円		**合計：40,000千円**	

資産として書けるものはすべて書く

自己資本比率をいかに大きくするかが重要。これがマイナスだと債務超過で追加融資は難しい

す。そのため、金融機関としても審査がしやすくなります。

そして、この貸借対照表の中で、特に重要な項目が純資産（自己資本）です。これは自分の資産から負債を差し引いたもので、これがプラスになっているということは、借入金などの負債よりも資産のほうが多いということを意味します。

また、負債および純資産の合計額（総資本）に占める純資産の割合のことを、自己資本比率といいます。これが高ければ、自己資本が多い、つまり返済義務のない資産を潤沢に持っているということになるので、金融機関としては融資をしやすい状態です。ちなみに会社経営においては、一般的に自己資本比率が40％を超えると倒産しにくい会社だとみなされています。まずはこの純資産がプラスの状態をつくり、そして自己資本比率を高めていくことが融資を継続して受けるために重要になってきます。

債務超過がダメな理由

反対に、資産よりも負債のほうが大きい、つまり純資産がマイナスになっている状態のことを債務超過といいます。**債務超過の状態だと融資を受けることが困難になります**。

金融機関の担当者の目線になって考えてみてください。純資産がマイナスの人に返済能力があると考えるのは、かなり無理があります。「まずは、その純資産をマイナスの状態からプラスにして、あらためて相談にお越しください」と言われてしまうのが落ちです。

常に**自分自身の貸借対照表を考え、資産＞負債の状態を意識しながら物件を買い進めることが大切**です。

例 利回りは高いけれども、土地が狭いなどの理由で積算評価（土地の価格と建物の価格をそれぞれ計算して算出する物件価値の評価方法）が低い物件を購入しました。

この場合、収益性の面はよくても、借り入れた金額が大きければ負債の部分が大きくなってしまい自己資本比率が悪くなります。**収益性を重視した物件を買う場合は、利回りを重視するという考え方も重要ですが、規模拡大を考えているのであれば、積算評価の高い資産性のある物件を織り交ぜましょう**。収益性と資産性、そのバランスを見極めながら購入していかないと、融資にも大きく響いてきます。

05

金融機関提出用資料のつくり方②

物件評価に関する書類

個人評価に関する書類に続いて、購入したいその物件の資料を作成します。物件評価に関する書類は、不動産仲介会社にお願いして用意してもらう資料と自分で作成する資料があります。ここでは、どういった資料を仲介会社にお願いして、どういった資料をどのように作成すればいいのかを見ていきます。

不動産仲介会社にお願いする書類

金融機関へ融資審査を打診する際、次のような物件資料が必要となります。**基本的には不動産仲介会社にお願いすれば用意してもらえます**が、不足がないか確認しましょう。

POINT

❶物件概要書　❷レントロール　❸修繕履歴　❹固定資産評価証明書
❺不動産登記簿謄本　❻建築確認済証(ない場合は、台帳記載事項証明書)
❼公図　❽物件写真

金融機関からそのほかの書類の提出を求められる場合がありますが、内容に沿って仲介会社に依頼しましょう。

自分で作成する書類

自分で作成する書類は、次頁の4つです。これらの書類はなくても融資の審査自体はできますが、よりよい評価を得るために作成します。

POINT

❶周辺環境説明　❷人口世帯数推移
❸近隣の賃料相場　❹収支シミュレーション

具体的にどのような内容を書けばいいのか順に見ていきますが、具体的な資料フォーマットは、こちらも読者プレゼントとして用意しているので、そちらを参考に作成してみてください。

❶周辺環境説明

周辺環境説明とは、「購入を検討している物件の周りにはどんな施設があり、そのエリアがどんな環境なのかを説明するもの」で、「賃貸需要の見込みについての資料」になります。

具体的な作成方法は次のとおりです。

DL https://www.jyooya.com/book-tokuten

「物件評価関係書類テンプレート」を読者プレゼント！

❶周辺環境説明、❷人口世帯数推移、❸近隣の賃料相場、❹収支シミュレーションのテンプレートを用意しました。ダウンロードしてあなたの物件情報にあわせて作成してください。

A まずGoogleマップで該当の物件と、その周辺エリアの主要な施設（駅や近隣のショッピングモールなど）が入る部分を切り取ります。

B 次に切り取った周辺エリアの画像を、提出用書類のフォーマットに貼りつけます。その際、地図上に吹き出しで、「物件はここ」「駅はここ」といったように説明を入れると、パッと見てわかりやすい資料になります。

C Googleマップの画像を貼っただけではわからない内容を補足します。

例「最寄り駅の1日の乗降客数は○人」「徒歩○分でスーパーやショッピングモールがある」「物件の周辺は住宅街に囲まれてい

周辺環境説明の書き方例

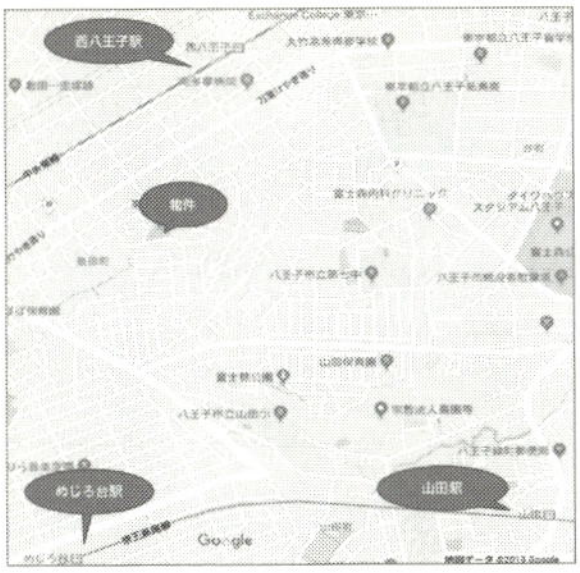

- JR中央線線西八王子駅から徒歩15分
  ※1日平均乗車人員　32,492人（2017年）
- 京王電鉄高尾線めじろ台駅から徒歩14分
  ※1日平均乗降人員　17,804人（2017年）
- 西八王子駅から八王子駅まで１駅３分
  ※1日平均乗車人員　85,302人（2017年）
- 物件から八王子駅までは自転車で10分
- イーアス高尾までも自転車で10分
- 西八王子駅前や物件周辺には飲食店やドラッグストア、コンビニ、スーパーなどあり、1人暮らしにはまったく困らない立地。さらに住宅街のため、静かで住環境としても非常によい立地。

るため、静かで住環境としては最適なエリアである」

こういった補足説明があると、より周辺環境がイメージしやすくなります。

❷人口世帯数推移

購入を検討している物件が所在する市区町村の人口推移と世帯数推移を調べます。具体的な数値は各自治体のサイトに掲載されているので、その数値を引用します。もしくは、過去の人口がまとめられたサイトがあるので引用してきてもいいでしょう。

P POINT

人口増加都市（http://www.visualization-labo.jp/）
市区町村を選択すれば、そこの近年の人口推移がわかる

金融機関への提出用資料としては、その数値をただ羅列しただけでは推移がわかりづらいので、**グラフ化して表示**しましょう。グラフ化することで、人口が過去からどのように推移しているのかひと目でわかるようになります（次頁下図参照）。

グラフ化したあとは、次のような補足説明を記載します。

例「○市の人口は○万人で、過去の推移から見て年々増加傾向のため、今後の人口が大きく減少することはないと想定でき、今後も一定の賃貸需要は見込むことができる」

世帯数に関しても同様に、過去からどのように推移しているかを確認します。その際、**購入を検討している物件に該当する世帯の推移（家族世帯か単身世帯かなど）を確認する**ようにしましょう。グラフ化した人口・世帯数の推移としては、右肩上がりとなってい

人口世帯数推移の書き方例

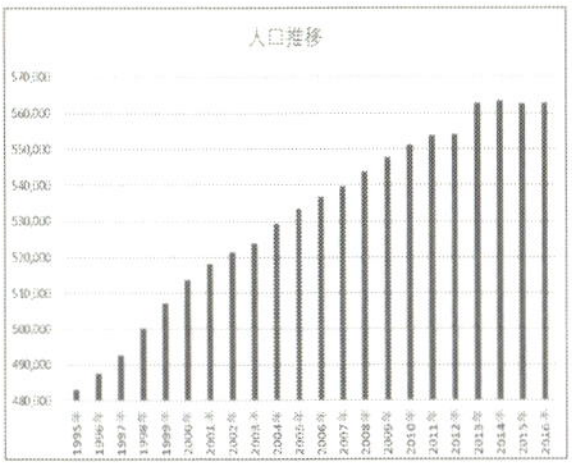

本物件の所在地である東京都八王子市の人口は約56万人である。

八王子市の人口推移はグラフのとおり、年々増加傾向である。ここ数年はやや停滞気味ではあるが、大きく減少することもなく、今後も賃貸需要を大いに見込むことが可能と予測できる。

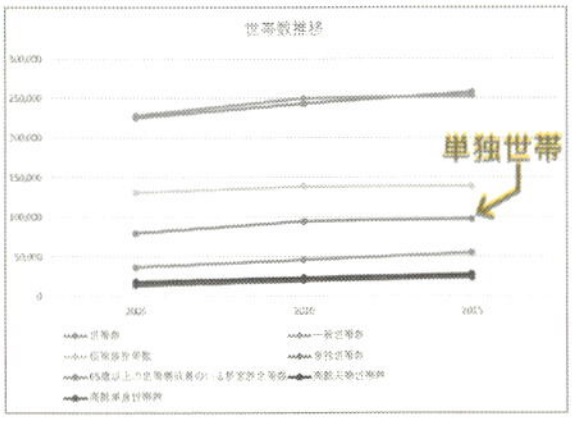

本物件の所在地である八王子市の世帯数推移はグラフのとおり、年々増加傾向であるため、今後も賃貸需要を多いに見込むことが可能と予測できる。

本物件のターゲットである単独世帯数についても年々増加傾向にあるため、賃貸需要は今後も見込むことができる。

ることが理想的です。ただし、すべての市区長村が右肩上がりになっている訳ではありません。特に地方だと、右肩下がりが顕著な場合もあります。そのときは、検討している物件が所在するより狭い範囲地域（○○町、○○地区など）の人口を調べて、そちらが右肩上がりになっていれば。そのデータを使用します。

また物件周辺に工業団地があるなど、賃貸需要が見込めそうなものがないか調べます。**市全体の人口が下がっていたとしても、その工業団地の需要が見込めるのであれば、市全体の人口をそこまで気にする必要はありません**。

いずれにせよ金融機関にアピールするための資料ですから、あえて人口が減っているといったネガティブな要素は記載せず、ポジティブなデータを用いるようにします。こういった資料をもとにそのエリアの人口や世帯数について説明することで、金融機関としても、そのエリアには賃貸需要があると評価することができるのです。

❸近隣の賃料相場

近隣の賃料相場を調査することは非常に重要です。**物件の空室の家賃が、相場よりも**

高く設定されていればその賃料で決まらないばかりか、見た目の利回りに騙されて、物件自体を高値で購入してしまうことになります。

物件を購入する場合は、周囲にある同じような物件の賃貸募集家賃を確認すること で、募集家賃が適切かどうかを判断します。相場家賃の見極め方は、インターネットによる確認と現地客付け業者へのヒアリングによる確認が必要です（第2章参照）。相場家賃を調査し、類似した物件をいくつか比較して羅列すると家賃が適正かどうかわかりやすいです。具体的には次の8項目を比較します。

Ⓐ賃料　Ⓑ管理費（共益費）　Ⓒ㎡あたりの賃料　Ⓓ専有面積
Ⓔ間取り　Ⓕ敷金／礼金　Ⓖ築年数　Ⓗ駅徒歩距離

Ⓐの賃料を確認することも重要ですが、同じ間取りでも広さが全然違うこともあるので、**Ⓒの㎡あたりの賃料も確認する**とより正確です。Ⓖの築年数に関しては、同じ間取り、駅徒歩距離が同じでも、築3年の物件と築30年の物件で賃料が異なるのはあたり

まえです。築年数による家賃額の違いを考慮したうえで、ほかの物件と比較し、適正家賃を見極める必要があります。Ⓗの駅徒歩距離についても同様で、徒歩3分か徒歩20分かで賃料は変わってくるので、駅徒歩距離を勘案したうえで、相場賃料を見極めるようにします。

❹収支シミュレーション

マネログというシミュレーションソフトを使用して、収支が黒字になることを説明します。もちろ

近隣の賃料相場の書き方例

賃貸需要ヒートマップ

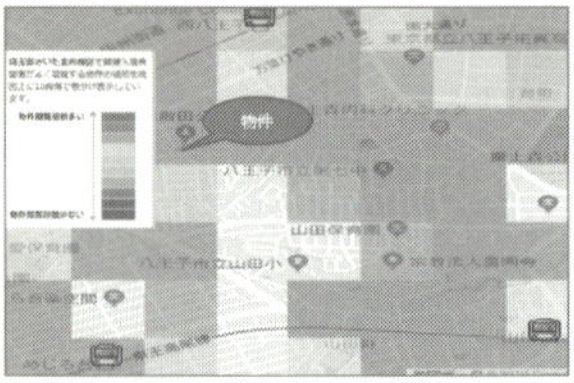

賃貸需要ヒートマップ(左図)で確認すると、本物件は最も物件閲覧回数の多いエリアにあるため、賃貸需要は高いと考えられる。

現状、空室の1部屋の募集賃料が相場よりも3,000～5,000円程度安く募集されているため、購入後は相場賃料で入居付けをすることで、さらなる収益力アップを目指す。

なお、本物件の主なターゲットは近隣に勤務する社会人または学生である。現入居者は全員社会人であるため、社会人需要が大いにあると考えられる。

近隣物件との家賃比較

西八王子（東京都）／アパート／1K／$25m^2$以下／築25年以上／駅徒歩10分以内

物件	賃料	共益費	合計	m^2賃料	専有面積	間取り	敷金	礼金	築年	駅距離
購入検討物件	3.0万円	0.2万円	3.2万円	1,466円	20.46m^2	1K	0か月	0か月	築28年	徒歩10分
物件A	3.3万円	0.2万円	3.5万円	1,723円	19.15m^2	1K	0か月	0か月	築35年	徒歩5分
物件B	3.5万円	0.2万円	3.7万円	1,697円	20.67m^2	1K	1か月	0か月	築30年	徒歩10分

ん、ご自身で使用しているシミュレーションソフトがあるなら、そちらでもOKです。

POINT

マネログ（https://www.f-academy.jp/moneylog-about/）
※利用には会員登録が必要です。
※使い方はマネログのサイトにある「ご利用マニュアル」を参照してください。

シミュレーションをする際の条件は、次のとおりです。

Ⓐ空室率──❶空室率10％
　　　　　❷空室率20％
Ⓑ借入条件（金額、金利、期間、返済方式）
Ⓒ税金（固定資産税・都市計画税）
Ⓓランニング費用（管理委託費、共用電気代など）
Ⓔそのほか（修繕費、広告費など）

空室率は10％の場合と20％の場合で、それぞれ収支がどうなるかを確認します。**築年数に応じて、家賃下落率も考慮する**必要があります。築浅の物件の場合は、1年1％程度下落すると想定します。逆に築古物件で現状の家賃が底値と考えられるのであれば、家賃下落はそれほど考慮する必要はありません。考慮したとしても、1年で0・2％程度の下落想定でいいでしょう。ただしエリアによって異なるため、周辺の相場を確認して家賃下落率を想定しましょう。

借入条件は、金融機関の動向を確認しながら現実的な条件でシミュレーションをします。借入条件は金融機関によって異なり、融資の本審査をしたあとに条件が変わることもあるので、この借入条件ならこれくらいの収支状況になるというイメージで捉えてください。

そのほかの条件は、基本的にシミュレーションソフトの内容に沿って入力していけば、自動的に結果を算出してくれます。**ランニングコストや修繕費用、広告費を見込んだシミュレーションをつくる**ようにします。

例 20㎡の1K（4・5万円）×6戸のアパートで、管理費は5％、共用部の電気・

水道代は5万円（年）を見込んでおきます。また、修繕費用と広告費は、原状回復費＋仲介費用（賃料1カ月分）を10万円（戸）、平均入居期間を3年［退去2戸（年）］とし、10万円×2＝20万円（年）と見込んでおきます。

金融機関とすれば、こういったシミュレーションで黒字になる物件には融資をしやすいでしょう。

収支シミュレーションの書き方例

下記条件にて、物件購入後のシミュレーションを実施。

- **空室率**
  (1) 空室率 10%、家賃下落率 1%／年
  (2) 空室率 20%、家賃下落率 1%／年
- **賃料：322.8 万円 / 年 (満室想定)**
- **金利 3.0%、借入金額 2,950 万円（物件価格の 90%)、借入期間 27 年、　元利均等返済**
- **管理費：5%**
- **固定資産税・都市計画税：8.5 万円**
- **その他条件**
  - 自己資金とし 560 万円（概算）
  - 共用部の電気・水道代として 5.0 万円／年
  - 修繕費用と広告費として、原状回復費＋仲介費用（賃料 1 カ月分）を 10 万円／戸、平均入居期間を 3 年（退去 2 戸／年）とし、10 万円×2＝20 万円／年を見込む

(1) 空室率10%、家賃下落率1.0%でのシミュレーション結果

1	2	3	4	5	6	7	8	9	10	11	12	13	14
	不動産収入	ランニングコスト	減価償却費	支払利息	納税	税引後利益	返済元金	インカムゲイン累計	借入残高	残債利回	ROI	自己資金回収比率	自己資金推移
比率	100.00%	16.54%	84.68%	30.12%	0.00%	-31.34%	24.79%	-	-	-	-	-	-559.6
初年度（前）	24.2	4	20.5	7.4	0	-7.7	5.9	6.9	-	-	-	-	-
初年度（後）	290.5	48.1	246	87.5	0	-91.1	72	82.9	2,878.00	11.22%	14.82%	14.82%	-476.7
2年度	287.6	47.9	246	85.3	0	-91.6	74.2	163.1	2,803.70	11.40%	14.32%	29.14%	-396.5
3年度	284.7	47.8	246	83.1	0	-92.1	76.5	240.5	2,727.30	11.60%	13.83%	42.97%	-319.1
4年度	281.9	47.6	246	80.7	0	-92.5	78.8	315.2	2,648.50	11.83%	13.35%	56.32%	-244.4
5年度	279.1	47.5	0	78.3	23	130.3	81.2	364.2	2,567.20	12.08%	8.76%	65.09%	-195.4
6年度	276.3	47.4	0	75.9	23	130.1	83.7	410.6	2,483.60	12.36%	8.30%	73.38%	-149
7年度	273.5	47.2	0	73.3	22.9	130	86.2	454.5	2,397.40	12.68%	7.83%	81.21%	-105.1
8年度	270.8	47.1	0	70.7	22.9	130.1	88.8	495.7	2,308.50	13.03%	7.36%	88.57%	-63.9
9年度	268.1	46.9	0	68	23	130.2	91.5	534.3	2,217.00	13.44%	6.90%	95.48%	-25.3
10年度	265.4	46.8	0	65.2	23	130.4	94.3	570.3	2,122.60	13.89%	6.44%	101.91%	10.7
11年度	262.7	46.7	0	62.3	23.1	130.7	97.2	603.8	2,025.40	14.41%	5.98%	107.89%	44.2
12年度	260.1	46.5	0	59.4	23.1	131	100.2	634.7	1,925.30	15.01%	5.52%	113.41%	75.1
13年度	257.5	46.4	0	56.3	23.2	131.5	103.2	663	1,822.10	15.70%	5.06%	118.48%	103.4
14年度	254.9	46.3	0	53.2	23.3	132.1	106.3	688.8	1,715.70	16.51%	4.61%	123.09%	129.2
15年度	252.4	46.2	0	50	23.4	132.8	109.6	712	1,606.20	17.46%	4.15%	127.24%	152.4
16年度	249.9	46	0	46.6	23.6	133.6	112.9	732.7	1,493.30	18.59%	3.70%	130.94%	173.1
17年度	247.4	45.9	0	43.2	23.7	134.5	116.3	750.9	1,376.90	19.96%	3.25%	134.19%	191.3
18年度	744.9	45.8	0	39.7	23.9	135.5	119.9	766.6	1,257.00	21.85%	2.80%	136.98%	207
19年度	242.4	45.7	0	36	24.1	136.6	123.5	779.7	1,133.50	23.77%	2.34%	139.33%	220.1
20年度	240	45.5	0	32.3	24.3	137.9	127.3	790.3	1,006.20	26.50%	1.89%	141.22%	230.7
21年度	237.6	45.4	0	28.4	24.6	139.2	131.2	798.4	875.1	30.17%	1.44%	142.67%	238.8
22年度	235.2	45.3	0	24.4	24.8	140.7	135.1	803.9	739.9	35.32%	0.99%	143.66%	244.3
23年度	232.9	45.2	0	20.3	25.1	142.3	139.3	807	600.7	43.08%	0.54%	144.20%	247.4
24年度	230.6	45.1	0	16.1	25.4	144	143.5	807.5	457.2	56.03%	0.09%	144.30%	247.9
25年度	228.3	45	0	11.7	25.7	145.9	147.9	805.5	309.3	81.99%	-0.35%	143.94%	245.9
26年度	226	44.8	0	7.2	26.1	147.8	152.4	801	157	159.94%	-0.80%	143.14%	241.4
27年度	223.7	44.7	0	2.6	26.5	150	157	794	0	0.00%	-1.26%	141.89%	234.4
28年度	221.5	44.6	0	0	26.5	150.3	0	944.3	0	0.00%	26.86%	168.75%	384.7
29年度	219.3	44.5	0	0	26.2	148.5	0	1,092.90	0	0.00%	26.55%	195.29%	533.3
30年度	217.1	44.4	0	0	25.9	146.8	0	1,239.60	0	0.00%	26.23%	221.52%	680
31年度	214.9	44.3	0	0	25.6	145	0	1,384.70	0	0.00%	25.92%	247.44%	825.1
32年度	212.8	44.2	0	0	25.3	143.3	0	1,528.00	0	0.00%	25.61%	273.04%	968.4
33年度	210.6	44.1	0	0	25	141.6	0	1,669.50	0	0.00%	25.30%	298.34%	1,109.90
34年度	208.5	44	0	0	24.7	139.9	0	1,809.40	0	0.00%	24.99%	323.34%	1,249.80
35年度	206.4	43.9	0	0	24.4	138.2	0	1,947.60	0	0.00%	24.69%	348.03%	1,388.00

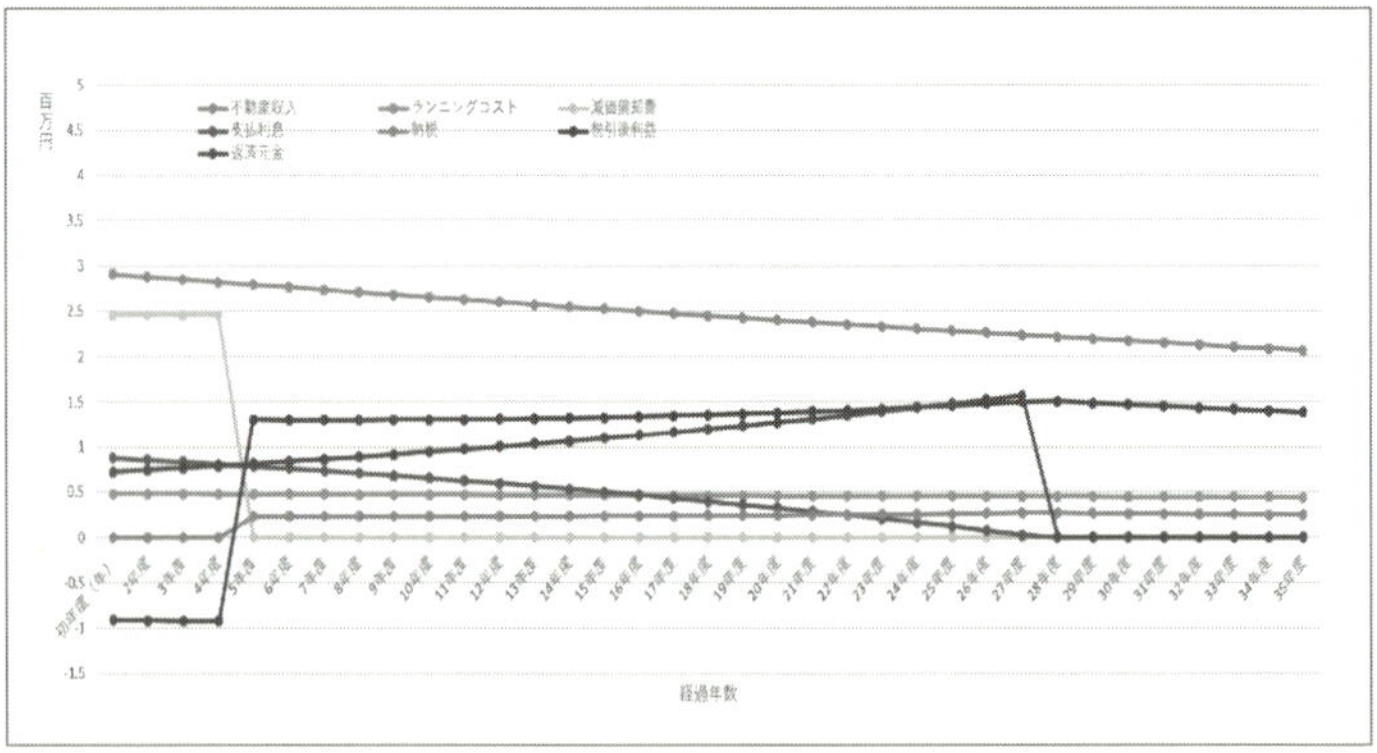

（2）空室率20%、家賃下落率1.0%でのシミュレーション結果

1	2	3	4	5	6	7	8	9	10	11	12	13	14
	不動産収入	ランニングコスト	減価償却費	支払利息	納税	税引後利益	返済元金	インカムゲイン累計	借入残高	残債利回	ROI	自己資金回収比率	自己資金推移
比率	100.00%	17.99%	95.26%	33.89%	0.00%	-47.14%	27.89%	-	-	-	-	-	-559.6
初年度（前）	21.5	3.9	20.5	7.4	0	-10.2	5.9	4.4	-	-	-	-	-
初年度（後）	258.2	46.5	246	87.5	0	-121.7	72	52.2	2,878.00	11.22%	9.34%	9.34%	-507.4
2年度	255.7	46.3	246	85.3	0	-122	74.2	102	2,803.70	11.40%	8.90%	18.23%	-457.6
3年度	253.1	46.2	246	83.1	0	-122.2	76.5	149.4	2,727.30	11.60%	8.46%	26.70%	-410.2
4年度	250.6	46.1	246	80.7	0	-122.2	78.8	194.3	2,648.50	11.83%	8.03%	34.73%	-365.3
5年度	248.1	45.9	0	78.3	18.6	105.2	81.2	216.3	2,567.20	12.08%	4.29%	39.02%	-341.3
6年度	245.6	45.8	0	75.9	18.6	105.3	83.7	240	2,483.60	12.36%	3.87%	42.88%	-319.6
7年度	243.1	45.7	0	73.3	18.6	105.5	86.2	259.3	2,397.40	12.68%	3.44%	46.33%	-300.3
8年度	240.7	45.6	0	70.7	18.7	105.8	88.8	276.2	2,308.50	13.03%	3.02%	49.35%	-283.4
9年度	238.3	45.5	0	68	18.7	106.1	91.5	290.7	2,217.00	13.44%	2.60%	51.95%	-268.9
10年度	235.9	45.3	0	65.2	18.8	106.6	94.3	302.9	2,122.60	13.89%	2.18%	54.14%	-256.7
11年度	233.5	45.2	0	62.3	18.9	107.1	97.2	312.8	2,025.40	14.41%	1.77%	55.90%	-246.8
12年度	231.2	45.1	0	59.4	19	107.7	100.2	320.4	1,925.30	15.01%	1.35%	57.25%	-239.2
13年度	228.9	45	0	56.3	19.1	108.4	103.2	325.6	1,822.10	15.70%	0.94%	58.19%	-234
14年度	226.6	44.9	0	53.2	19.3	109.3	106.3	328.5	1,715.70	16.51%	0.52%	58.71%	-231.1
15年度	224.3	44.8	0	50	19.4	110.2	109.6	329.1	1,606.20	17.46%	0.11%	58.82%	-230.5
16年度	222.1	44.6	0	46.6	19.6	111.2	112.9	327.4	1,493.30	18.59%	-0.31%	58.51%	-232.2
17年度	219.9	44.5	0	43.2	19.8	112.3	116.3	323.4	1,376.90	19.96%	-0.72%	57.79%	-236.2
18年度	217.7	44.4	0	39.7	20	113.6	119.9	317.1	1,257.00	21.65%	-1.13%	56.66%	-242.5
19年度	215.5	44.3	0	36	20.3	114.9	123.5	308.4	1,133.50	23.77%	-1.54%	55.12%	-251.2
20年度	213.4	44.2	0	32.3	20.5	116.3	127.3	297.5	1,006.20	26.50%	-1.95%	53.16%	-262.1
21年度	211.2	44.1	0	28.4	20.8	117.9	131.2	284.3	875.1	30.17%	-2.37%	50.80%	-275.3
22年度	209.1	44	0	24.4	21.1	119.6	135.1	268.7	739.9	35.32%	-2.78%	48.02%	-290.9
23年度	207	43.9	0	20.3	21.4	121.4	139.3	250.9	600.7	43.08%	-3.19%	44.83%	-308.7
24年度	204.9	43.8	0	16.1	21.8	123.3	143.5	230.7	457.2	56.03%	-3.60%	41.23%	-328.9
25年度	202.9	43.7	0	11.7	22.1	125.4	147.9	208.3	309.3	81.99%	-4.01%	37.22%	-351.3
26年度	200.9	43.6	0	7.2	22.5	127.6	152.4	183.5	157	159.94%	-4.43%	32.79%	-376.1
27年度	198.9	43.5	0	2.6	22.9	129.9	157	156.4	0	0.00%	-4.84%	27.95%	-403.2
28年度	196.9	43.4	0	0	23	130.5	0	286.8	0	0.00%	23.31%	51.26%	-272.8
29年度	194.9	43.3	0	0	22.7	128.9	0	415.7	0	0.00%	23.03%	74.29%	-143.9
30年度	193	43.2	0	0	22.5	127.3	0	543	0	0.00%	22.75%	97.04%	-16.6
31年度	191	43.1	0	0	22.2	125.7	0	668.8	0	0.00%	22.47%	119.51%	109.2
32年度	189.1	43	0	0	21.9	124.2	0	793	0	0.00%	22.19%	141.70%	233.4
33年度	187.2	42.9	0	0	21.6	122.7	0	915.6	0	0.00%	21.92%	163.62%	356
34年度	185.3	42.8	0	0	21.4	121.2	0	1,036.80	0	0.00%	21.65%	185.27%	477.2
35年度	183.5	42.7	0	0	21.1	119.7	0	1,156.50	0	0.00%	21.38%	206.66%	596.9

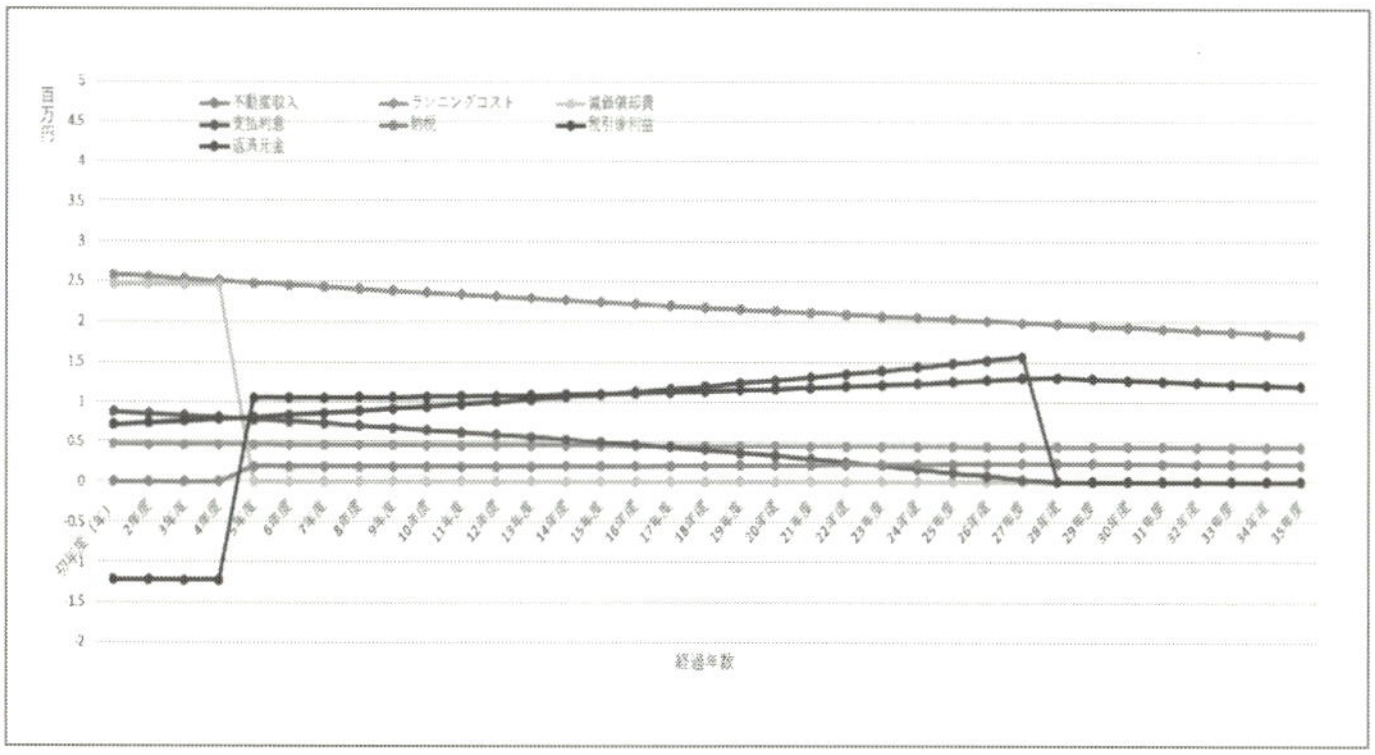

06

金融機関からウソみたいな好条件で融資を受けた話

さあ、ここまで金融機関で融資を受ける方法についてお話ししてきました。最後に、著者の3人が実際に金融機関からどのような条件で融資を受けたのか、その事例をご紹介します。実体験をもとにお話しするので、ぜひあなたの融資獲得の参考にしてください。

林の場合 親族のつながりを活用、金融機関の好む物件を常に意識

最初に利用した金融機関は、祖父が事業をしている際に融資を受けていた地方銀行で

した。

融資の対象として、一般にいわれる年収や自己資金などは明らかに足りていませんでしたが、親族のつきあいを考慮してくれる場合もあると思ってダメ元で相談してみたところ意外と好感触で、物件によっては融資を受けられそうだという回答でした。

この銀行で借りられれば、金利などの条件はかなりよさそうでしたが、「融資期間は法定耐用年数まで、収益性よりも積算評価を重視する」という融資の姿勢だったので、築古高利回り物件とはマッチングしません。また新築物件の場合だと、建売業者の利益が価格に乗っていて、価格よりも積算評価が大幅に低くなってしまうで、こちらもフィットしません。

そこで、建売の新築物件ではなく、自分で土地から探し、そこにアパートを建てるという戦略を立てました。自分で土地から探すのはそれなりに大変でしたが、たまたま造成する前の広くて安い土地（雑木林）が見つかり、そこを造成してアパートを建てることにしました。その結果、土地が広くて積算評価が高い新築アパートに仕上がり、見事に条件があてはまって、なんと金利1％未満！　という好条件で融資を受けることがで

きました。

また日本政策金融公庫で融資を受けたこともありますが、こちらは法定耐用年数をあまり気にしないので、築古の物件で融資を受けました。ただし融資期間が15年と短かったため、当時の市況にしては高い利回りの物件（13％）を購入し、返済比率が高くならないようにしました。

ほかにも複数のノンバンクで融資を受けたこともありますが、いずれの物件も、**その金融機関が融資しやすく、かつその融資条件で収支がしっかりプラスになる物件を購入しています**。

現金買いをする場合を除いて、不動産投資をするには融資を受けることが不可欠です。そして、各金融機関で好む物件が異なります。そこで、

融資付けのイメージ

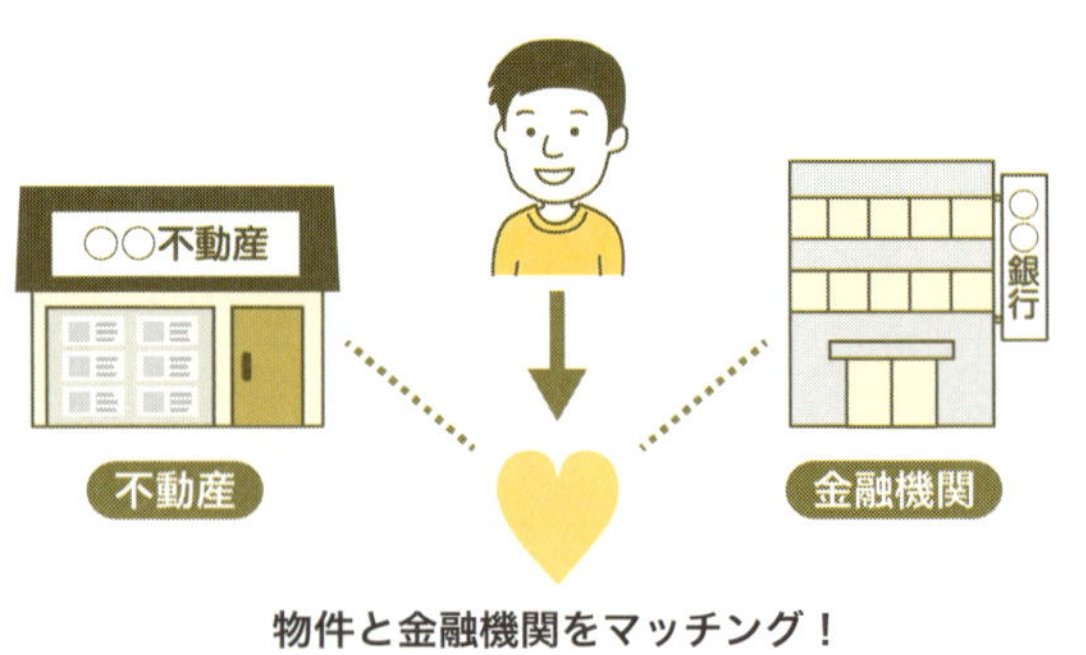

「自分は仲介人で、物件と金融機関をマッチングさせるんだ」という感覚で物件を探しています。

それには、金融機関の融資の情勢を、常に最新の情報にアップデートすることが必須です。金融機関の担当者と直接やり取りするだけでなく、仲介会社や大家仲間とも定期的に交流をして、最新の情報を得られるよう努めています。

辻の場合　忍耐力や経営者視点が大事

最初に融資を受けたのは、アパートローンで有名な某地方銀行です。当時は、不動産投資初心者で金融機関とのつながりもまったくなかったため、仲介会社経由でその地方銀行から融資を受けました。

その地方銀行も、最近だと融資条件が厳しくなったといわれますが、私が購入したタイミングはその厳しくなる直前のギリギリのタイミングでした。そのため、今ではなかなか難しいフルローンで融資を受けることができました。

このときは、実際に何か特別なことをしたというわけではなく、本当にタイミングがよかったと思います。こういうと、「結局タイミングがよかっただけかよ」と思われるかもしれませんが、不動産投資の融資の市況は、必ず融資が出やすくなるタイミングと厳しくなるタイミングが繰り返しやってきます。これは過去の事例から見ても明らかです。そのためには、**融資が出やすくなったタイミングを見逃さないように、常日頃から仲介会社や大家仲間から最新の情報を入手しておく必要があります**。

また、日本政策金融公庫からも融資を受けたことがあります。その当時、日本政策金融公庫の融資年数は最大で15年といわれていましたが、なんと20年！　のフルローンで融資を受けることができました。

もちろん、担当者にがんばってもらったことや物件評価がよかったわけですが、それにプラスして**事業計画書を綿密に作成**したことが功を奏しました。はじめて日本政策金融公庫に面談に行った際に、「こんなよくできた事業計画書を持って来た人ははじめてだ」と言ってもらえました。その事業計画書を確認すればすべてがわかるということで、面談自体は5分程度で終了しました。そのように、担当者にも事業性をしっかりアピールしたことで、いい融資条件になるようがんばってもらえました。

次にノンバンクで融資を受けた際は、基本的に物件価格の最大8割が融資額の上限のところを、9割にまで伸ばしてもらうことができました。**こんな好条件になったのは、金融機関の物件評価基準を事前に確認し、どういった物件を持ち込めば融資条件がよくなるかを考え、それにあう物件を探し続けたため**です。

このように好条件で融資を受けるためには、事前に各金融機関の物件評価基準を確認して、その条件にあう物件を地道に探し続ける忍耐力が必要です。また**不動産賃貸業として、その物件の運営プランを綿密に練る経営者としての視点も重要**になってきます。

富治林の場合
粘り強い交渉で融資を獲得

地方銀行などを活用していますが、ここでは具体例として第2章でも取りあげた、埼玉県東松山市の物件の事例をご紹介します。

この物件は売却希望価格が2200万円なのに対し、積算価格が約1000万円と差が大きく、融資が受けづらい物件でした。そのため、買付証明書を提出する人はいるものの、なかなか成約に至っていませんでした。

私も3つの金融機関に打診した結果、融資額はそれぞれ、金融機関Sは800万円、金融機関Nも800万円、金融機関Kは700万円という結果でした。このままでは購入できないですが、あきらめることなく交渉し、融資の状況を説明し物件価格を1500万円まで下げてもらいました。それと同時に各金融機関とも交渉を進め、金融機関Nで融資条件を変えてもらうことができました。

調整前：融資額800万円、金利2・0％
調整後：融資額1400万円、金利0・8％（一部1・2％）

なんと融資額は倍近くにアップ、しかも金利も半分以下に下がったのです！　しかし、ただ条件をよくしてくれとお願いしても効果はありません。融資条件について見直してもらえたのは、事業計画書（賃料相場、売買相場、人口統計、管理会社情報、リノベーションプランなど）を準備して、再度説明を行ったからです。金融機関に提出した資料は、最終的に120枚にもなりました。

また、この物件を購入したあとに追加で運転資金の融資相談をしたところ、無担保で融資を受けることもできました。一度融資を受けてつきあいのできた金融機関なので、次の相談にも応じてもらうことができたのです。

金融機関に提出した資料の例　リノベーションプラン

費用

外壁改修：300万円（屋根、外壁、階段などすべて）
室内改修：150万円（15万円×10室）
外周改善：　50万円（植栽剪定、ポストなど）
総費用　：500万円　※すべて税込

スケジュール

外壁改修：～1月
室内改修：～1月
外周改善：～1月
入居開始：　2月～
満室想定：　4月（月2件想定）

Befor

After

ここで一番伝えたいことは、実は**「金融機関からの融資額は交渉できる可能性がある」**ということです。

あなたも、ぜひ粘り強く交渉してみてください。

最後に確認！　金融機関から融資を受ける方法To Doリスト

項目	やるべきこと
❶金融金融機関の融資の目安を調査	
金融機関の融資目安一覧	自分が使用できそうな金融機関をピックアップする
❷金融機関の開拓	
不動産仲介会社からの紹介	不動産仲介会社の担当者に、自分が使用できそうな金融機関をヒアリング
大家仲間からの紹介	自分と同じような属性の大家仲間が使用した金融機関を紹介してもらう
各金融機関へヒアリング	電話で融資条件などをヒアリングする
❸金融機関提出用資料の準備　個人に関すること	
各書類の用意	過去３年分の源泉徴収票（確定申告書）、本人確認書類、自己資金エビデンス（証明書類）
所有物件情報の作成 ※物件がある人のみ	テンプレートを使って、自分の所有物件の情報をまとめる
プロフィールシート	テンプレートを使って、自分の年収、資産などの個人属性情報をまとめる
❹金融機関提出用資料の準備　物件に関すること ※実際に打診する物件が決まってから用意	
不動産仲介会社にお願いする書類	❶物件概要書　❷レントロール　❸修繕履歴 ❹固定資産評価証明書　❺不動産登記簿謄本 ❻建築確認済証（ない場合は、台帳記載事項証明書） ❼公図　❽物件写真
周辺環境説明	テンプレートを参考に作成
人口世帯数推移	テンプレートを参考に作成
近隣の賃料相場	テンプレートを参考に作成
収支シミュレーション	シミュレーションツールを使って作成

第4章

これでカンペキ！物件購入時までにやること

物件購入が決まった！

でも安心するのはまだ早いです！


買付証明書も通り、融資も決まったとなれば、いよいよ物件購入に向けて駒を進めます。

これまでに何回も買付証明書も提出したし、融資も断られ続けてきたけれど、やっと購入が決まったとホッとしたいところですが、まだ気を抜いてはいけません。

ここから引き渡しを受けるまでに、売買契約書を交わす、管理会社を決める、火災保険に申し込むなどなど、まだやらなければいけないことがたくさんあります。

第4章では、そんな購入までの手続きについて見ていきます。

01 物件購入時までにやることには何があるのか？

いよいよ購入する物件が決まった！　そうなったら、次は何をしなければいけないのか、具体的に一つずつ確認していきましょう。

物件購入時にはすることが多く、初心者の人ははじめてのことばかりだと思います。そのため、事前に何をしなければいけないのかよく確認し、チェックシートを用意しておきましょう。

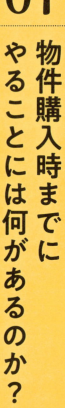

物件購入時までにやる各手続きの内容を把握しよう

物件も決まって融資の承認ももらえたとなったら、いよいよ不動産を購入することになります。

はじめての物件購入だととてもワクワクすると思いますが、まだ油断してはいけません。**実際に物件の決済（代金を支払って物件の引き渡しを受けること）をするまでに、しなければいけないことがたくさんあります**。それなのに、物件を買うことが決まってから決済までの期間は、通常数週間～2カ月と、あまり猶予がありません。前もって、しなければいけないことをしっかりまとめておいて、いざというときに慌てないようにしましょう。

やるべきことは、主に次の6つです。❶～❹については、235頁以降で詳細に見ていきます。

P POINT

❶売買契約を結ぶ　❷管理会社を決める
❸管理会社と管理委託契約を結ぶ　❹火災保険に申し込む
❺金銭消費貸借契約を結ぶ　❻所有権移転登記を行う

❶売買契約を結ぶ

実際に物件の購入が決まったら、売主と買主の間で売買の合意の契約書（次頁参照）を締結します。契約書は、仲介会社が用意してくれます。実際に契約書を交わすその日には、仲介会社から重要事項の説明があり、その後、契約書に署名や捺印をする流れになります。あわせて、**契約締結時には手付金を支払う**のが一般的です。

❷管理会社を決める

売買契約締結後から物件の決済をするまでの間に、自主管理する場合を除き、その物件を管理してくれる不動産管理会社を見つけないといけません。**不動産管理会社とは、入居者の管理や建物の管理、集金業務などを大家に代わって行ってくれる会社**です。

前の所有者が管理を依頼していた管理会社を変更するには、引き継ぎ業務などがあるため数カ月の時間がかかります。もし時間がないなら、一度は前の所有者が管理を依頼していた会社に任せ、その後、管理会社を変更するようにします。

不動産売買契約書例❶

不動産売買契約書

収入印紙

A　不動産の表示

		所　在	地　番	地目(登記簿)	地積(登記簿)	持　分
土地	1.	神奈川県平塚市○○○ ○-○-○	番	宅地	1000 ㎡	
	2.		番		㎡	
	3.		番		㎡	
	4.		番		㎡	
	5.		番		㎡	
	合計（ 1 筆 ）				1000 ㎡	

建物	所　在	神奈川県平塚市○○○	家屋番号	○○○
	種　類	共同住宅	構　造	木造瓦ぶき2階建て
	床面積	1階 255.4 ㎡・2階 200.0 ㎡・ 階 ㎡・ 階 ㎡・ 階 ㎡・ 階 ㎡・ 階 ㎡ 合計 455.4 ㎡		
特記事項				

物件の詳細に間違いがないか確認する

B　売買代金および支払い方法等

売買代金（第1条）			10,000,000 円
（上記売買代金のうち土地価格）			7,500,000 円
（上記売買代金のうち建物価格）			2,500,000 円
（上記売買代金のうち消費税額および地方消費税額の合計額）			円
手付金（第2条）		本契約締結時支払い	1,000,000 円
内　金（第3条）	第1回	年　月　日	円
	第2回	年　月　日	円
残代金（第3条）		令和2 年 11 月 30 日	9,000,000 円
引渡日（第7条）		□ 1. 売買代金全額受領日　□ 2.	
公租公課の清算起算日（第12条）		令和2 年 1 月 1 日	
手付解除期日（第15条第1項）		年　月　日	
違約金の額（第16条第2項）		□ 1.手付金の額　□ 2.売買代金の　%相当額　□ 3.	円

融資	融資利用の有無（第18条）　□ 1. 有　□ 2. 無	
	申込先：○○銀行 融資承認取得期日：　年　月　日（同条第2項）	融資金額 9,000,000 円
	申込先： 融資承認取得期日：　年　月　日（同条第2項）	融資金額 円
	申込先： 融資承認取得期日：　年　月　日（同条第2項）	融資金額 円
	融資利用の特約に基づく契約解除期日（同条第2項）	年　月　日

売買代金、支払いについて間違いがないか確認する

不動産売買契約書例❷

建物の構造耐力上主要な部分等の状況について確認した事項（第19条）	（既存の住宅に □ 該当する・ ☑ 該当しない）		
「建物の構造耐力上主要な部分」または「雨水の浸入を防止する部分」の状況について建物状況調査により売主、買主の双方が確認した事項	□1. 有　□2. 無		
確認事項を記載した資料の名称			
資料作成者		資料作成年月日	

特約

売主　山田 幸一　と買主　佐藤 由紀　とは

表記不動産の売買契約（以下「本契約」という。）を締結した。その証として、本契約書2通を作成し、売主・買主署（記）名押印のうえ各1通を保有する。

令和2 年 11 月 18 日

売主　住所　神奈川県平塚市○○　○-○-○

氏名　山田 幸一　印

買主　住所　東京都練馬区大泉町○-○-○　メゾンカタクリ102

氏名　佐藤 由紀　印

宅地建物取引業者・宅地建物取引士　（この契約書は宅地建物取引業法第37条に定められている書面を兼ねています）

免許証番号	東京都知事　第　○○　号	免許証番号	東京都知事　第　○○　号
事務所所在地	東京都千代田区○○○	事務所所在地	東京都新宿区○○○
商　号	株式会社○○不動産	商　号	○○不動産株式会社
代表者等	鈴木 正　印	代表者等	田中 誠　印
登録番号	(東京駅)　第　○○　号	登録番号	(東京駅)　第　○○　号
宅地建物取引士	山ノ上一也　印	宅地建物取引士	安藤良子

③管理会社と管理委託契約を結ぶ

管理会社が決まったら、管理委託契約を結ぶことになります。管理会社によって契約書の形態は異なりますが、項目は似ています（次頁参照）。

管理委託契約には、大家の業務を代行する一般管理契約とサブリース契約（一括借り上げ管理契約）があります。サブリース契約とは、管理会社が大家から物件を借り上げて、その管理会社が入居者と賃貸契約を直接結ぶ契約形式のことをいいます。

一般管理委託契約との最大の違いは、家賃滞納や空室が生じた場合でも、家賃収入の保証があることです。**サブリース契約では、保証賃料が管理会社から大家に支払われます。**保証賃料は相場賃料の80～90％となるのが一般的です。また入居者との契約も大家と入居者ではなく、管理会社と入居者とが直接契約を行うことになります。そのため、大家としては手間やリスクがかからないというメリットがあります。

しかし保証料＜相場賃料のため、収益が最大化しないというデメリットがあります。

また、数年ごとの契約延長の度に、管理会社から一方的に保証賃料が減額されるという

管理委託契約書例

実際に契約を結ぶ際は、この例と見比べて違っている部分があれば、管理会社に内容を確認する

管理業務委託契約書

印紙

委託者: 佐藤由紀（以下、「甲」という。）と受託者:株式会社○○住宅管理（以下、「乙」という。）は、甲所有の後記物件（以下、「本物件」という。）につき、下記条項による管理業務委託契約（以下、「本契約」という。）を締結した。本契約を証するため契約書二通を作成し、甲及び乙は各自署名捺印の上、各一通を保有する。

第１条（目的）

甲は本物件の管理に関する業務一切を乙に委託し、乙はこれを受託した。乙は誠実かつ善良なる管理者の注意をもって本契約を履行し、甲はこれに協力するものとする。

第２条（契約期間）

本契約の有効期間は令和○年○月○日から令和○年○月○日まで（年間）とする。ただし、契約期間満了に際し甲乙双方より何らの申し出がない場合、本契約と同一の条件において更に 年の期間更新されたものとする。

第３条（業務委託の内容）

乙は本物件について下記の業務を行うものとする。

1．新規募集時の業務
（１）広告による賃借人の募集
（２）賃借人の収入、人物等の審査
（３）賃貸借契約締結における必要書類の作成

2．賃貸中の業務
（１）本物件の共用部分の清掃
（２）本物件及び本物件に付帯する設備等の管理
（３）賃料、管理費等の集金
（４）賃借人及び近隣の苦情処理
（５）賃貸借契約に違反する行為があった場合における適宜の対応

3．賃貸借契約解約時の業務
（１）賃借人の退去確認
（２）本物件の点検、修繕工事等の発注
（３）賃料、敷金、保証金の精算

4．賃貸借契約更新時の業務
（１）賃料、その他賃貸借条件等の改定交渉
（２）更新契約に伴う金員の精算
（３）賃貸借契約（更新）締結における必要書類の作成

5．その他本物件の賃貸管理業務一切

第４条（第三者への再委託）

乙は、前条の業務の一部を第三者に再委託することができる。この場合、乙は再委託した業務の履行について、甲に対し責任を負うものとする。

第５条（管理状況報告書の提出）

乙は甲に対し、月毎に管理状況報告書を提出することによって報告するものとする。

第６条（業務報酬）

甲が乙に支払う業務報酬は、後記「業務委託報酬規定」に従うものとする。ただし、甲に収入の著しい増減があった場合においては、甲乙協議の上業務報酬を改定することができるものとする。

第７条（費用の負担）

１. 甲は、本物件及び本物件に付帯する設備の補修及び点検費用等、乙が委託業務　　を行うために必要な費用一切を負担するものとする。

２. 乙は、前項の費用が１万円以上のものについては甲の承諾を得て施工するものとし、前項の費用が１万円以内のもの又は作業に急を要するものについては甲の承諾なくして施工できるものとする。尚、乙は甲に対し、その施工内容及び実施に要した費用の額を通知しなければならない。

３. 前各項の費用で乙が立て替えたものについては、甲はすみやかに乙に返還しなければならない。

第８条（免責）

地震、火災、水害等の災害、盗難、偶発事故、その他不可抗力、及び乙の責めに帰すことのできない事由による甲及び賃借人等の損害については、乙はその責任を負わないものとする。

第９条（契約の消滅）

次の各号の一に該当する場合、甲又は乙は相手方に何らの催告を要せずして本契約を解除することができる。

１. 天災地変、火災等、その他不可抗力のため、本物件の全部又は一部が滅失又は毀損し、通常の用に供することができなくなったとき。

２. 当事者の一方が本契約に違反し、その相手方が１０日以上の猶予期間をもって是正すべきことの勧告を行い、是正されないままこの猶予期間が経過したとき。

３. 相手方に対し３ヶ月以上の予告期間をもって解約を通告し、その猶予期間が満了したとき。

第10条（諸雑費の徴収）

乙は必要に応じ、甲の承諾を得て賃借人より諸雑費を徴収し、必要なる諸費用に充当することができる。

第11条（規定外事項）

甲乙は、本契約に定めのない事項又は本契約の各条項の解釈に異議があるときは、当事者双方誠意をもって協議し、円満に解決するものとする。

第１２条（特約条項）

以 上

トラブルも発生しています。もし**あなたが不動産投資で大きく資産を拡大したいと考えるなら、サブリース契約は避けたほうが無難**です。

✓❹ 火災保険に申し込む

管理会社を決めて管理委託契約をするのと同時に、物件決済までに火災保険に申し込む必要があります。こちらは、数日~10日ほどあれば申し込みができるので、管理会社選定ほど急ぐ必要はありません。しかし補償内容は保険会社の商品ごとにさまざまで、築古物件だと長い期間の契約ができないものもあるので、**事前にある程度火災保険の内容に目星をつけておきましょう**。

✓❺ 金銭消費貸借契約を結ぶ

金銭消費貸借契約とは、融資利用のために、金融機関と結ぶ契約のことです。融資の承認をもらってから、物件の決済までに締結します。この契約書の中には、融資の条件（融資額、返済期日、利率、返済額など）や抵当権設定に関すること、繰上返済に関すること、返済の遅延損害金に関することなどが盛り込まれます。

購入する物件に対し、金融機関で抵当権を設定するのが一般的で、**「金銭消費貸借契約」と同時に「抵当権設定契約」も締結することになります**。

⑥所有権移転登記を行う

不動産の所有者に変更があった場合、法務局で所有権移転登記をします（次頁参照）。

一般的には司法書士に依頼することになります。司法書士は、仲介会社や融資をする金融機関などで手配してくれますが、知りあいの司法書士に依頼することも可能です。ただし、売主から「この司法書士でないとダメ」と指定されることもあります。

書類としては、**住民票の写し**を役所で取得しておきます。登記の委任状や登記申請書などの書類も必要ですが、司法書士が作成してくれます。**登録免許税や司法書士報酬などが費用として発生する**ので、あらかじめ諸費用に見込んでおきましょう。

このほかにも、共用部に電気があれば電気メーターの名義変更やプロパンガス物件ならガス会社との契約も必要です。後述しますが、プロパンガス会社に協力してもらうことでさまざまな特典をもらえることがあるので、ぜひ有効に活用しましょう。

所有権移転（売買）登記申請書例

不動産の所有権移転登記申請は司法書士にお願いするのが一般的

登　記　申　請　書

登記の目的　所有権移転
原　　因　令和2年11月30日売買
権　利　者　東京都練馬区大泉町○-○-○　佐藤 由紀
義　務　者　神奈川県平塚市○○　○-○-○　山田 幸一
添付情報
　登記識別情報登記原因証明情報
　代理権限証明情報印鑑証明書住所証明情報
登記識別情報を提供することができない理由
　□ 不通知□ 失効□ 失念□ 管理支障□ 取引円滑障害□ その他（　　　）
□ 登記識別情報の通知を希望しません。
令和　2　年　12　月　1　日申請法務局
申請人兼義務者代理人　　小林 勝（司法書士名）
　　　　連絡先の電話番号○○○－○○○－○○○
課税価格　金　○○○○○　円
登録免許税　金　○○○　円
不動産の表示　○○○○○
　不動産番号　○○○○○
　所　　在　神奈川県平塚市○○○
　地　　番　○○○
　地　　目　宅地
　地　　積　1,000m^2

　不動産番号　○○○○○
　所　　在　神奈川県平塚市○○○
　家屋番号　○○○
　種　　類　共同住宅
　構　　造　木造瓦ぶき2階建て
　床 面 積　455.4m^2

02 売買契約のポイント

では、売買契約から確認していきましょう。契約条件について、買主と売主の双方が合意したら、売買契約を結びます。**当然ですが、一度契約を締結すると簡単には解除することはできません。**そのため、事前に契約内容をしっかり確認することが重要です。ここでは、売買契約を締結する際のポイント、注意点などについて見ていきます。

売買契約の流れ

購入する物件が決まったら、いよいよ売買契約に進みます。まずはその流れについて確認します。

売買契約日までにすること

仲介会社に売買の仲介をしてもらい、仲介手数料を支払うことになるので、**仲介会社と媒介契約（不動産売買の仲介依頼）を結びます**。これは不動産売買の仲介を依頼する契約で、トラブルを避けるために書面の契約書を交わすのが一般的です。

確認する事項は仲介手数料の金額です。**「仲介手数料は（売買価格×３％＋６万円）＋消費税」が上限**と宅地建物取引業法で定められています（売買価格が４００万円以上の物件の場合）。この金額を上回っていたら、間違いなので指摘しましょう。

売買契約の流れ

❶ 売買契約日までにすること

買付が通った日〜売買契約日までに	媒介契約を締結
売買契約日の１、２週間〜数日前	売買契約書、重要事項説明書の内容を確認する

❷ 売買契約日当日にすること

売買契約日当日	重要事項の説明を受ける
↓	
売買契約日当日	売買契約書を締結

また売買契約日より**1、２週間～数日前に、売買契約書と重要事項説明書の内容を確認するように仲介会社から依頼があります**。当日に「ここを訂正してほしい」と言っても、手続きが間にあわないので事前にしっかり確認する必要があります。万が一、仲介会社から確認依頼の連絡がない場合は、仲介会社に催促しましょう。

売買契約日当日にすること

当日の流れとしては、**宅地建物取引士から重要事項の説明があり、その後に売買契約書の締結をする**ことになります。

重要事項説明の主な内容は次のとおりです。

POINT

1. 不動産の権利関係
2. 法令上の制限
3. 不動産の状態やその見込み
4. 契約の条件

この説明は、必ず売買契約の前にしなければいけないことになっているので、それが守られていない場合には、仲介会社に指摘しましょう。

重要事項の説明を受けた後、売買契約書の説明を受け、記名押印をし、契約書の金額に応じた収入印紙を貼って割印をします。このとき、**売買価格の一部を手付金として支払います。**

売買契約のポイント

では売買契約において、事前にどんな点に気をつけるべきか、売買契約の一般的な項目とそのチェックポイントを押さえておきます（**不動産売買契約書：227頁参照**）。

❶物件の表示　❷売買代金、手付金等の額、支払日　❸土地の実測
❹引き渡し　❺権利関係の確認　❻付帯設備や物件状況の確認
❼税金の精算　❽引き渡し前の物件の滅失・毀損　❾契約違反による解除
❿ローン特約　⓫契約不適合責任

❶物件の表示

購入予定の物件の表示に誤りがないかを確認します。一般的には、登記簿の内容に基づいて契約書に記載されます。

❷売買代金、手付金等の額、支払日

売買代金や手付金などの金額とその支払日をしっかりと確認します。期日までに支払わなかった場合は、契約違反となってしまうこともあるので注意しましょう。

また**手付金については、金額が妥当か確認**します。一般的には、物件価格の5～10％ほどです。手付解除（手付金を放棄して契約を解除すること）はいつまでできるのかも確認します。

なお高額な手付金を要求して売買契約をし、その後に物件の引き渡しに応じない**手付金詐欺**の被害もあるので、物件価格の10％を超える高額な手付金を支払うことは控えましょう。

③土地の実測

土地の面積が、登記簿に記載された面積と実際の面積とで異なることがあります。そのため、売主が引き渡しまでに土地の実測を行うこともあり、実測の結果、登記簿の面積と異なる場合はその面積の差に応じて売買代金を精算することもあります。

④引き渡し

引き渡しの時期を確認します。引き渡しは代金の支払いと引き換えに行われますが、所有権移転登記については、後日登記完了の通知が届きます。

⑤権利関係の確認

購入予定の物件の権利関係について確認します。抵当権や賃借権などの権利が設定されていないか、また設定されていれば引き渡しまでに削除されるかを確認します。このような権利が削除されないまま引き渡しを受けると、さまざまなトラブルが予想されるので注意が必要です。

⑥付帯設備や物件状況の確認

売買契約書には、付帯設備などの一覧表や、物件状況の確認書が添付されているので、給湯器やキッチンなどの設備の状況や雨漏りやシロアリ被害など、しっかり確認しておきましょう。

引き継ぐ設備などが故障していないかなど、修繕費用が発生しないかなども事前に確認する必要があります。契約時には付帯設備などの一覧表や物件状況の確認書を使って、仲介会社から説明があります。

⑦税金の精算

固定資産税や都市計画税といった税金は、日割計算をして、売主と買主の間で精算するのが一般的です。決済のときに、売買代金と相殺されます。

そのほか、家賃や敷金なども日割りで精算します。

⑧引き渡し前の物件の滅失・毀損

売買契約締結後に、災害で建物が全壊するなど、売主に責任のない理由によって売却物件が滅失・毀損した場合の取り決めです。万が一の場合の取り決めですが重要な点ですので、しっかりと確認しましょう。

⑨契約違反による解除

契約違反（債務不履行）により契約を解除するときの取り決めです。売主または買主のいずれかが債務不履行となった場合、その相手方は契約を解除することができます。このように契約違反によって解除となったら、契約に違反したほうが違約金などを支払うのが一般的です。なお、不動産業者が売主となる場合の違約金は、売買代金の20％を越えてはならないと定められています。

⑩ローン特約

融資が受けられないと、買主は売買代金を支払うことができずに契約違反となってしまいます。しかし融資が受けられない場合もあるので、**融資の審査が不調に終わった場合、売買契約を解除することができるローン特約**を設けることが可能です。

ただし、買主が融資の審査に必要な手続きを怠ったり、買主の落ち度で借りることができなかったときは、この特約は適用されません。ローン特約があっても、契約前に資金計画を十分に検討して、ある程度融資が通る見通しを持って契約することが大切です。

なお、このローン特約をあえて設けず、自己資金だけで購入するという理由で、指値交渉ができることもあります。

⑪契約不適合責任

物件に不具合があり、「契約の内容に適合していない」と判断される場合、売主は物件の修補や損害を賠償する義務を負います。

売買契約では、売主が契約不適合責任を負うか否か、負う場合は物件の引き渡しからどのくらいの期間で責任を負うのかなどを取り決めます。**契約不適合責任の期間が短い**

ほど買主に不利となり、逆に長いほど売主に不利となります。これもまた、契約不適合責任を免責にすることを理由に指値交渉の材料とすることもあります。

このように、契約時に確認するポイントは多岐に渡りますが、特に重要なのは、売買代金や手付金などの金額に関することです。これが間違っていたり、条件が異なっていると、そもそも物件の購入自体を取りやめる話になるので、よく確認しましょう。

売買契約時の持ち物

最後に、当日必要な持ち物について確認しましょう。必要なものは次の5つです。

❶手付金　❷収入印紙代　❸印鑑（実印・銀行印・認印）
❹本人確認書類（運転免許証、パスポート）
❺不動産仲介会社への仲介手数料

手付金については、現金持参の場合と振込指定の場合があります。いずれにせよ、大金を扱うので注意が必要です。当日引き出すつもりが、ATMの上限額を上回って引き出せないなんてことがないようにしましょう。念のため、銀行の届出印も持参し、店舗で対応できるようにしておきます。

収入印紙については仲介会社が用意してくれ、その代金を持参するのが一般的です。自分で購入する場合は郵便局などで購入します。

印鑑は実印が必要なので、仲介会社の担当者によく確認しましょう。

本人確認書類は、運転免許証、パスポートなどです。

仲介会社への仲介手数料は、契約時ではなく決済時に支払う場合もあります。支払ったあとは領収書をもらうことを忘れないようにしましょう。また現金で渡す場合は、手付金と同様、当日までにしっかり用意しておく必要あります。

03 管理会社選定のポイント

不動産投資は、不動産を購入して終わりではなく、そこではじめて「不動産賃貸業」としてのスタートラインに立ちます。せっかくいい物件を買っても管理が行き届かず、全然入居者が決まらないのでは意味がありません。**管理次第で物件の価値が大きく変わるので、不動産管理会社選びはとても重要**です。

あなた（大家）自身が不動産の管理について十分理解したうえで、管理会社を選定できるようになりましょう。

管理会社の役割❶ 入居者の管理

それでは、不動産管理会社にはどんな役割があるのか、1つずつ確認してみましょう。

第一に、**入居者の管理**が挙げられます。これは空室の入居者募集にはじまって、入居中の対応、退去時の立ち会いなどです。

不動産賃貸業というのは、その人の住まいを提供する仕事なので、入居者からさまざまな要望や時にはクレームがくることもあります。そういったことにしっかり対応することで、**入居者の満足度を上げ、退去を生まない（＝入居率を維持する）ことが必要不可欠**ですから、管理会社の役割はとても重要です。

Ⓐ入居者募集

SUUMOや不動産情報サイト　アットホームなどのポータルサイトやフリーペーパーで募集したり、仲介業務をしている客付け会社などに依頼をしたりします。

入居率が悪いと、大家はその分収入が減り管理会社も管理収入が減るので、**入居率を上げることは管理会社の最も重要な役割**といっても過言ではありません。そして、ここが一番の管理会社の実力の見せどころなのです。

実際に物件を見たいという入居希望者が現れたら、内見に付き添い、物件に関する説明をしてもらいます。内見をしたうえで最終的に入居を希望する場合は、入居申込書を提出してもらい、職業や年収などの情報をもとに審査をします。管理会社ではなく客付け会社（大家や管理会社に対して、借主を紹介する不動産会社）のほうで、内見付き添いや入居申し込みの受付をすることもあります。

Ⓑ賃貸借契約の締結・更新

入居希望者が正式に入居すると決まったら賃貸借契約を結びますが、**契約の締結などの事務手続きも管理会社が対応**します。契約締結後は、入居時に鍵の受け渡しをします。

また賃貸借契約は通常2年契約となっているため、時期がきたら、更新のための書類のやり取りなどを行います。

Ⓒトラブル・苦情対応

部屋の設備が故障した、水漏れが起きたといった**トラブルの対応も管理会社が行いま**

す。またアパートやマンションなどの集合住宅では、ごみの出し方や騒音などが原因で入居者から苦情が入ることがあります。そうしたトラブルや苦情について、会社勤めをしていたり、遠隔地に住んでいたりすると迅速な対応が難しいので、管理会社にお願いします。

Ⓓ退去時の立ち会い

入居者が退去する際に、大家に代わり**部屋の引き渡しに立ち会います**。退去時の部屋の状況を見て、原状回復費を入居者（退去する人）に請求したり、経年による損耗については、大家に修繕を依頼したりします。

Ⓔ入居者募集条件の提案

空室が発生して入居者募集をする際に、**入居者募集条件の提案をするのも管理会社の仕事**です。家賃をいくらにするのか、ＡＤ（広告費）を何カ月分にするのかといった条件面の提案に加え、エアコンを設置したらどうかといった設備面の提案もします。

提案のひとつとして、家賃の値下げを管理会社に提案されることがあるかもしれませんが、値下げをすれば収支が悪くなり、利回りも下がります。毎月の収入が減るだけでなく売却価格にも影響が出るため、家賃値下げはあくまでも最終手段です。安易に値下げを提案してくる管理会社はあまりお勧めできません。

大家としてはこういった管理会社からの提案を踏まえたうえで、自分で考え、決断できるようになりましょう。

管理会社の役割❷ 建物の管理

建物の点検や清掃、大家に修繕の提案をします。

こちらも入居者の快適な住環境を守るため、また大家にとっても大事な資産である物件の価値を守るために、とても重要な業務です。

Ⓐ定期点検・清掃

管理会社は、マンションやアパートの外壁、駐車場、駐輪場、廊下などの共用部分を定期的に点検し、何か異常がないか、修繕が必要ではないか点検をします。建物の点検以外に設置されている消火器の使用期限や浄化槽、エレベーターなども定期的に点検します。

また、建物の共用部分の清掃業務も行いますが、これは管理費とは別料金であったり、別途清掃業者に依頼する場合もあります。

Ⓑ漏水など建物のトラブルへの対応

建物や設備の劣化によって、水漏れなどのトラブルが発生した場合、迅速に対応しないといけません。大家に代わって、業者に連絡して緊急対応をしたり、入居者に連絡したりします。

Ⓒリフォーム・原状回復工事の提案

建物や設備の劣化をそのままにしておくと、新たな入居者募集が難航したり、退去が発生したりする可能性があります。そうならないよう、必要なリフォームを大家に提案し、場合によっては管理会社でリフォーム工事を手配します。入居者が退去したあとの、原状回復工事についても同様です。

管理会社の役割❸ 資金の管理

資金管理の主な業務は家賃回収です。回収する家賃が間違っていると大変ですので、ミスがあってはいけない業務です。

Ⓐ家賃の回収代行や滞納時の督促

管理会社は、入居者から支払われる毎月の家賃や共益費を大家に代わって回収します。万が一、家賃の支払いが遅れた場合にも、管理会社が督促します。もし家賃をまったく支払わない滞納者がいたとしても、法的手続きを経ないと、強制的に退去させることはできません。そういったトラブルが起きないよう、管理会社がうまく支払いを促してくれるかどうかがとても重要になります。

また、**入居者が家賃保証会社に加入していれば、家賃滞納が発生しても大家は家賃と同額のお金を保証会社から受け取ることができます**。しかし、家賃保証会社が何かと理由をつけて支払いを渋ったり倒産することも珍しくないので、管理会社がどこの保証会社を使用しているのか、ちゃんと把握しておきましょう。インターネットで保証会社の名前を調べると会社の情報が出てくるので、ホームページの有無や会社の規模などを確認できます。きちんとしたホームページもないような会社は避けたほうが無難です。

Ⓑ大家への送金

入居者の家賃が集まったら、大家に送金をします。たまに、振込手数料と称して、やたら高い手数料を取ったりする管理会社があるので、事前に手数料も確認します。

Ⓒ原状回復費用の請求

入居者の退去時に部屋の状態を見て、経年劣化以外で修理などが必要な部分があれば、大家に代わって入居者（退去する人）に原状回復費用を請求します。入居時に敷金を支払っている場合は、修繕費用を計算し、そこから差し引いて返還します。

管理会社選定のポイント

ここまで見てきたとおり、管理会社の役割は多岐に渡りどれも重要な業務ばかりです。では実際に管理会社を探すとき、どんな点をチェックしたらいいのでしょうか。わからないことだらけだと思うので、管理会社選びのチェックリストを読者プレゼントとして用意しました。ぜひダウンロードして活用してください。

管理会社の候補は、物件近くの不動産屋を探したり、仲介会社や大家仲間から紹介してもらったりしましょう。

そして、このチェックリストの項目の中でも、特に確認すべき

DL https://www.jyooya.com/book-tokuten

「管理会社選びチェックリスト」を読者プレゼント！

このチェックリストはあらゆる業務について網羅しているので、
このリストを使ってヒアリングすれば、簡単に管理会社を比較することができます。ダウンロードして活用してください。

事項は、次の3点になります。

POINT

❶客付けの強さ
❷契約更新時の条件
❸修繕の裁量

❶客付けの強さ

前述したとおり、入居率を上げるということが、管理会社の重要な役割です。客付けをしっかりやってくれることは非常に大切です。特に**どの広告媒体を利用しているのか必ず確認**しましょう。多くの入居希望者は「SUUMO」や「不動産情報サイト アットホーム」などのポータルサイトを見て部屋探しをするので、**主要ポータルサイトに入居募集の情報を掲載してもらうことは必須**です。

ちなみに、ポータルサイトに載せる写真や募集ページの内容は、管理会社によってかなり実力差が出ます。管理会社を探す際に、「写真がきれい」「募集ページがわかりやすい」というのをひとつの目安にしてもいいでしょう。

また、レインズ（不動産会社が利用するサイト）に掲載してもらうことも欠かせません。ここに自分の入居募集の情報が掲載されないと、多くの客付け会社はその存在に気がつかないことになります。

なかには、入居希望者からもらう仲介手数料を目当てに、自分たちで入居者を決めたがってほかの客付け会社に入居者募集を依頼しない管理会社があります。しかし、それでは自分の入居者募集の情報が広く周知されないので、そんな管理会社は避けたほうがいいでしょう。

そして、空室が発生した際には、募集方法の提案を積極的に行ってくれることも大切です。管理会社は入居者募集のプロですから、大家以上に賃貸需要について詳しくて当然です。それなのに、家賃設定や募集条件の提案をあまりしないで大家任せのような管理会社は、あまり入居者募集に積極的ではないといえます。

❷契約更新時の条件

契約更新時の更新料の取り分や、契約条件の見直しへの対応などです。入居者が賃貸借契約を更新した際に支払う更新料は、大家と管理会社で取り分はどうなるのか、事前に確認しておきます。

家賃1カ月分を更新料として大家が受け取り、その半額を管理会社に更新事務手数料として支払う（つまり折半する）のが一般的です。これには明確な規定はないので、更新料を全額事務手数料として取ったり、大家に内緒で入居者からも事務手数料を取ったりする管理会社もあるので注意が必要です。

また近隣の家賃相場が上がったなどの理由で契約条件を見直し、**更新時に家賃を上げる場合もありますが、そういう対応に協力的な管理会社がベター**です。

多くの大家は、入居中に家賃を上げることはしません。そのため、管理会社も消極的なところが多いですが、これができると物件の利回りが向上します。前の大家が安く募集をして相場よりも明らかに安い家賃になっている場合や、物件をリノベーションした場合は、ぜひ家賃の増額にチャレンジしましょう。そして、それには管理会社の協力が不可欠なので、そういったチャレンジングな取り組みにも積極的な管理会社を選ぶようにしましょう。

③修繕の裁量

これは、原状回復工事やリフォーム、トラブル発生時の修繕などを大家サイドで工事発注してもいいのかどうか、または工事会社を選ぶことはできるのか、その裁量のことです。

こういった工事は必ず管理会社が実施し、大家サイドで工事会社が選べないような契約になっていると、自分でＤＩＹしたり自分で見つけてきた工事会社を利用したりできません。それだけならまだいいですが、管理会社でわざと高い工事をする業者に依頼し、バックマージンを受け取っているなんてこともあります。

もちろん、緊急対応などで管理会社に工事を依頼することはありますが、すべての工事について大家自身で工事会社を選ぶことをＮＧとする管理会社は避けましょう。

【読者プレゼント】管理会社選びチェックリスト

業務	確認事項	管理会社の回答	補足・備考
管理委託契約			
契約条件	管理手数料は家賃、共益費に対し何％か？		一般的には３～５％
	管理契約期間は何年か？		一般的には２年
	管理契約途中での解除は何カ月前に通知が必要か？		一般的には２カ月～３カ月 これ以上長い場合は要調整
	通知期限までに解約申し出がない場合、自動更新となるか？		自動更新となる場合が多い
入居者管理			
入居者募集	利用する広告媒体は？ （レインズ、SUUMO、LIFULL HOME'S、不動産情報サイト アットホームなど）		［必須］ ・レインズ　・SUUMO ・LIFULL HOME'S ・不動産情報サイト アットホーム ［そのほか］ ・自社ホームページ ・地域情報誌 ・フリーペーパー　etc.
	客付け会社への報酬（ＡＤ）は家賃何カ月分か？		報酬（AD）は家賃２カ月分以上だと、激戦区の可能性あり
	他社仲介会社への紹介はしてもらえるか？		他社へ紹介しない場合は避けた方が無難
	法人や生活保護受給者への入居者募集も実施しているか？		オーナー判断だが、実施しているほうが間口が拡がる
賃貸借契約	保証会社はどの会社を利用しているか？		例 Casa、日本セーフティー、JID など
	賃借人の借家人賠償、家財保険の保険料はいくらか？		保険会社や内容により比較／検討する
契約更新業務	入居者の賃貸借契約更新時の事務手数料は何％か？		一般的には管理会社と大家で50％ずつ
	更新時に家賃額を上げることには協力してもらえるか？		協力的な管理会社のほうがベター
	入居者の借家人賠償、家財保険の更新はするか？		一般的には更新する
クレーム対応	24時間対応のコールセンターはあるか？		なくても対策があればOK
	入居者からの問いあわせ（クレームだけではなく）の記録は残しているか？		一般的には残している
退去	退去立ち会いはしているか？		退去立ち会いは必須
	入居者の退去立会いの写真付き報告書を作成して貰えるか？		報告書は必須
	入居者募集広告の掲載と客付け業者への周知は、退去予告があったらすぐにするか？		退去予告後から周知してもらうのがベター
	原状回復のルール（価格）は入居者に周知しているか？		民法改正により原状回復ルールが明文化
募集条件の提案	対象物件の相場家賃、敷金、礼金は？		高い賃料で提案してくれる管理会社を選ぶのがベター
	対象物件の１番のセールスポイントは？		例 南向きで間取りがファミリータイプ
	対象物件の入居者層像はどのような人が考えられるか？		例 近隣の企業勤務の単身男性など

特に確認すべき事項❶：入居者募集

特に確認すべき事項❷：契約更新業務

特に確認すべき事項❸

建物管理			
報告	賃料や経費などの収支状況報告はしているか？		毎月報告があることが必須
	上記を年間でまとめて報告もしてもらえるか？		年間報告もあることが必須
定期巡回	定期巡回の頻度は？		一般的には月１回
	定期巡回報告は毎月もらえるか？		実施していれば毎月報告は必須
	定期巡回時にチェックしている項目は？		例 ・共用部の証明 ・違法駐車　・不法投棄 ・放置自転車　・雑草など
	巡回は管理費に含まれているか？		一般的には管理費に含まれる
清掃	巡回清掃とは別に依頼が必要な清掃内容は？		例 ・ごみ集積所の掃除 ・敷地内のごみ拾い ・敷地内の残置物の処分 ・雑草取り ・損傷箇所の発見と報告 ・クモの巣取り ・共用廊下の水洗い ・共用電灯の交換 ・そのほか
修繕と原状回復	原状回復工事や修繕を大家が指定する工事会社で実施してもいいか？		NG のところは避けたほうが無難
	管理会社に修繕を依頼した場合、工事の実施前、実施後の写真入り報告書を作成してくれるか？		作成してくれるほうがベター
	緊急を要する修繕で、大家に事後報告とする金額はいくらか？		一般的には 30,000 ～ 50,000 円
	部屋毎の修繕記録（原状回復含む）は残しているか？		物件売却時に必要となる情報
工事費用	頻度の高い工事（クロス、クッションフロア、フローリング、畳表替え）の費用はいくらか？		価格の目安 ・クロス　床面積×3.5×800円（アクセントクロス1,000円） ・クッションフロア　床面積×3,000円 ・フローリング　床面積×10,000円 ・畳表替え　1枚5,000円
	ハウスクリーニングの料金はいくらか？		価格の目安 (～2K)　～20,000 円 (～2/3LDK)　～50,000 円 (3LDK～)　50,000 円～
資金管理			
家賃回収・督促	入居者からの家賃入金は、毎月何日か？		一般的には月末 25 日前後
	滞納が発生した場合、督促はどのように対応しているか？		例 入居者へ連絡・督促、内容証明郵便等
送金	オーナーへの家賃振り込みは、毎月何日か？		一般的には 10 日～ 15 日
敷金	敷金は大家に渡しているか、それとも管理会社で預かっているか？		大家管理が望ましい
管理会社の状況			
会社の状況	管理戸数は何戸か？		少ない場合は実績に不安があるので、各社ごとで比較検討
	上記管理戸数を何人で管理しているのか？		管理戸数の割に人数が少ない場合、業務が回っていない可能性あり
	管理物件の入居率は何％か？		95% 未満は避けたほうが無難

04 管理委託契約のポイント

管理会社を選んだら、管理委託契約を結びます。管理会社をしっかり選んだのに、契約前に言っていたような仕事ぶりじゃなく、思ったような成果が出ない。そんなことにならないように、ここでは管理委託契約を締結する際の注意点を見ていきます。

管理委託契約の重要性

管理会社を決めたら、管理委託契約を結びます。

どんなにしっかり管理会社を選定し、すばらしい内容の管理を約束してくれたとしても、それが実行されなければ意味がありません。

例 管理報告書が送られてこない。知らない間に不明な手数料が引かれている。

こんなトラブルが発生することも考えられるので、**どんな管理になるのかきちんと明文化し、「管理委託契約書」に反映させる**ことで、事前にトラブルを回避しましょう。

管理委託契約のポイント

それでは、どんな点に気をつけて管理委託契約を締結すればいいのでしょうか。後々トラブルになりやすく、事前にしっかり決めておくべきポイントは、次の3つです。

POINT

❶ 支払い・料金関係　❷ 期日について

❸ 大家の裁量に関すること

❶ 支払い・料金関係

やはりお金に関することは、最もトラブルになりやすいです。

管理手数料などは事前にしっかり確認しても、意外と見落としがちなのが振込手数料です。大家が振込手数料を負担する契約になっているケースが多くありますが、契約書に振込者である管理会社が負担するよう明記しましょう。それがダメで大家側の負担になるなら、事前に金額を確認します。

また、更新事務手数料も要注意です。大家がもらう更新料の半額が一般的ですが、なかには入居者から更新料をもらわなくても、事務手数料だけはもらう契約になっていることがあります。その場合、退去を防ぐために更新料をなしにすると、大家が事務手数料を負担することになるので、更新料をもらったときだけ事務手数料が発生する契約にします。

そして、敷金の管理もしっかり取り決めましょう。退去時に入居者へ返還する敷金ですが、入居中の預かりは大家とするのか、管理会社とするのか、事前に決めておく必要があります。手元に資金が多くあったほうが突発的な出費があっても安心なので、原則は大家サイドで持てるようにしましょう。

❷期日について

管理会社で回収した家賃がいつ大家サイドに振り込まれるのか、こういった日付を事前に決めておきましょう。あいまいにしておくとトラブルの元になります。

また管理物件の点検報告についても、毎月何日までに実施し、何日までに報告書が提出されるのか決めておかないと、忙しいからといって後回しにされかねません。そのうちやってくれればいいやというのではなく、**こういった期日をしっかりと取り決めることで、管理会社に対して適度な緊張感を与える**ようにします。

❸大家の裁量に関すること

リフォーム会社などを大家に決めさせてくれない管理会社は避けるべきだとお話ししましたが、契約書の内容がそうなっていないか確認が必要です。記載内容は、「工事会社の選定にあたっては、原則大家と協議して決める」と明記してもらいましょう。

また5万円程度までの修繕は、毎回大家に伺いを立てるのも負担なので管理会社は自分たちの判断でできるようにしたがります。信頼できる管理会社であれば任せてもいいのですが、はじめて管理を任せる会社であれば、大家の承諾が必要としましょう。

管理会社を変更したいとき

管理会社の働きに満足できず管理会社を変更する場合、解約予告をすることになります。**解約予告期間はできるかぎり短くできるように記載しておきます**。仮に予告してから半年待たないと解約できない契約になっていると、管理会社としては解約が決まっているので入居者募集なども積極的にしないなど、半年間ずっといまいちな会社に管理を任せなくてはなりません。そのため短いに越したことはないですが、管理を引き継ぐ時間を考慮して、**現実的には2～3カ月ぐらいにするのが妥当**です。

このように管理会社を選んだだけでは安心できるわけではなく、管理委託契約書も注意点が多々あります。ここで触れたもの以外の細かい注意点についても、実際の管理委託契約書にそってまとめているので、ぜひ参考にしてください。

管理委託契約書記入例

管理業務委託契約書

印紙

委託者:佐藤由紀（以下、「甲」という。）と受託者:株式会社○○不動産管理（以下、「乙」という。）は、甲所有の後記物件（以下、「本物件」という。）につき、下記条項による管理業務委託契約（以下、「本契約」という。）を締結した。本契約を証するため契約書二通を作成し、甲及び乙は各自署名捺印の上、各一通を保有する。

第１条（目的）

甲は本物件の管理に関する業務一切を乙に委託し、乙はこれを受託した。乙は誠実かつ善良なる管理者の注意をもって本契約を履行し、甲はこれに協力するものとする。

第２条（契約期間）

本契約の有効期間は令和○年○月○日から令和○年○月○日まで（年間）とする。ただし、契約期間満了に際し甲乙双方より何らの申し出がない場合、本契約と同一の条件において更に 年の期間更新されたものとする。

第３条（業務委託の内容）

乙は本物件について下記の業務を行うものとする。

１．新規募集時の業務
（１）広告による賃借人の募集
（２）賃借人の収入、人物等の審査
（３）賃貸借契約締結における必要書類の作成
２．賃貸中の業務
（１）本物件の共用部分の清掃
（２）本物件及び本物件に付帯する設備等の管理
（３）賃料、管理費等の集金
（４）賃借人及び近隣の苦情処理
（５）賃貸借契約に違反する行為があった場合における適宜の対応
３．賃貸借契約解約時の業務
（１）賃借人の退去確認
（２）本物件の点検、修繕工事等の発注
（３）賃料、敷金、保証金の精算
４．賃貸借契約更新時の業務
（１）賃料、その他賃貸借条件等の改定交渉
（２）更新契約に伴う金員の精算
（３）賃貸借契約（更新）締結における必要書類の作成
５．その他本物件の賃貸管理業務一切

> 清掃の実施状況がわからないケースがあるため、回数を明記し、完了後の写真を送付する旨を明記する

> 管理状況がわからないケースがあるため、回数を明記し、完了後の写真を送付する旨を明記する

第４条（第三者への再委託）

乙は、前条の業務の一部を第三者に再委託することができる。この場合、乙は再委託した業務の履行について、甲に対し責任を負うものとする。

> 第三者に再委託する場合は、大家の書面による事前の承諾を得ることを条件とする旨を明記する

報告書の提出期日（目安は15～20日まで）を明記する

第５条（管理状況報告書の提出）

乙は甲に対し、月毎に管理状況報告書を提出することによって報告するものとする。

第６条（業務報酬）

甲が乙に支払う業務報酬は、後記「業務委託報酬規定」に従うものとする。ただし、甲に収入の著しい増減があった場合においては、甲乙協議の上業務報酬を改定することができるものとする。

第７条（費用の負担）

１．甲は、本物件及び本物件に付帯する設備の補修及び点検費用等、乙が委託業務を行うために必要な費用一切を負担するものとする。

２．乙は、前項の費用が１万円以上のものについては甲の承諾を得て施工するものとし、前項の費用が１万円以内のもの又は作業に急を要するものについては甲の承諾なくして施工できるものとする。尚、乙は甲に対し、その施工内容及び実施に要した費用の額を通知しなければならない。

３．前各項の費用で乙が立て替えたものについては、甲はすみやかに乙に返還しなければならない。

金額については要検討。信頼できる会社なら3万円程度でもいいが、まだ取引が浅く慎重に契約すべき場合は、金額がいくらであっても大家の承認を得るようにする

第８条（免責）

地震、火災、水害等の災害、盗難、偶発事故、その他不可抗力、及び乙の責めに帰すことのできない事由による甲及び賃借人等の損害については、乙はその責任を負わないものとする。

第９条（契約の消滅）

次の各号の一に該当する場合、甲又は乙は相手方に何らの催告を要せずして本契約を解除することができる。

１．天災地変、火災等、その他不可抗力のため、本物件の全部又は一部が滅失又は毀損し、通常の用に供することができなくなったとき。

２．当事者の一方が本契約に違反し、その相手方が１０日以上の猶予期間をもって是正すべきことの勧告を行い、是正されないままこの猶予期間が経過したとき。

３．相手方に対し３ヶ月以上の予告期間をもって解約を通告し、その猶予期間が満了したとき。

大家からの解約予告期間についてはできるかぎり短いほうがいい。現実的な解約予告期間として2～3カ月に設定する

第10条（諸雑費の徴収）

乙は必要に応じ、甲の承諾を得て賃借人より諸雑費を徴収し、必要なる諸費用に充当することができる。

第11条（規定外事項）

甲乙は、本契約に定めのない事項又は本契約の各条項の解釈に異議があるときは、当事者双方誠意をもって協議し、円満に解決するものとする。

第１２条（特約条項）

（振込手数料）

（賃貸借契約の更新時の手数料）

（敷金の預かり）

（保険会社）

（工事会社）

手数料は振込者が負担する旨を明記する。管理会社からオーナーに賃料が振り込まれるとき、手数料が毎月引かれるケースがある

大家がもらうべき更新料の半額が一般的。ただし、なかには「更新後賃料の半額を管理会社の報酬とする」と明記し、更新料がない場合は大家が手数料を負担する場合があるので、「更新料が発生する場合は更新料の半額を報酬とする」という内容に変更する

敷金の預かりは原則大家とする

入居者の保険会社の選定にあたっては、原則大家と協議して決める旨を追加する

工事会社の選定にあたっては、原則大家と協議して決める旨を追加する（管理会社への確認で工事会社が自由に選べるようなら当該内容は不要）

令和○年○月○日

一、東京都練馬区大泉町○-○-○　メゾンカタクリ102
佐藤　由紀

二、東京都千代田区神田猿楽町○-○-○
株式会社○○不動産管理
代表取締役　山田幸一

<業務委託報酬規定>

月額　金　100,000　円　（消費税別）

管理費は通常賃料収入の3～5%(清掃費抜き)

※毎月27日の受領とします。

管理会社の口座に入金される場合は、大家への入金は翌月の10～15日までを目安とする

以　上

物件の表示

(1) 貸家・アパート・マンション

❶	名　称	メゾン八国
	所在地（住居表示）	神奈川県平塚市○○　○-○-○
	構　造	木造
	用　途	アパート
❷	名　称	
	所在地（住居表示）	
	構　造	
	用　途	
❸	名　称	
	所在地（住居表示）	
	構　造	
	用　途	
❹	名　称	
	所在地（住居表示）	
	構　造	
	用　途	
❺	名　称	
	所在地（住居表示）	
	構　造	
	用　途	

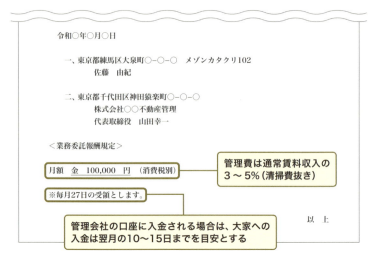

(2) 駐車場

❶	所在地（住居表示）	神奈川県平塚市○○　○-○-○
	用　途	駐車場
❷	所在地（住居表示）	
	用　途	
❸	所在地（住居表示）	
	用　途	
❹	所在地（住居表示）	
	用　途	
❺	所在地（住居表示）	
	用　途	

(3) 貸地・資材置場

❶	所在地（住居表示）	
	用　途	
❷	所在地（住居表示）	
	用　途	
❸	所在地（住居表示）	
	用　途	
❹	所在地（住居表示）	
	用　途	
❺	所在地（住居表示）	
	用　途	

05 火災保険契約のポイント

火災による損害はもちろん、台風や豪雨、地震など自然災害による損害も補償してくれる火災保険は、不動産投資家にとって必要不可欠です。災害のほかにも、盗難や日常生活における自転車での賠償事故などにも備えられます。火災保険の役割や加入のしかたまでしっかり見ていきましょう。

火災保険の役割

火災保険とは、火災などの事故によって生じた建物や家財の損害を補償する保険ですが、火災だけでなく、落雷、風災、雹災《ひょうさい》、雪災などの災害によって生じた建物の損害に

対しても補償がされます。

また、自然災害とは関係なく発生する、日常の災害も補償の対象になります。

例 自動車が物件に衝突して壁が壊れたり、何者かに窓ガラスを割られた場合など。

そのほか、災害時の家賃補償や賃貸物件で孤独死などの事故が発生した場合の補償なども、希望すれば特約として追加することもできます。

地震保険の重要性

火災保険と同様に重要なのが、地震保険です。日本は地震大国であり、歴史上何度もその脅威にさらされてきました。地震の被害も、火災保険に加入すれば補償の対象になるのでは？　と思いがちですが、**火災保険だけでは、地震による建物の損害や地震が原因で起きた火事・津波などによる建物の損害に対応できないケースがあります**。

地震保険は原則単体では加入できず、火災保険とセットでしか加入できないので注意が必要です。地震保険と火災保険は、最初から一緒に加入するものと考えましょう。

保険加入までの流れ

保険代理店または保険会社に直接問いあわせをして、建物の所在地、面積、構造、築年数などを伝えると、保険金額、保険期間、特約の内容などに応じて、保険料の見積りを出してくれます。

保険会社の商品ごとに保険料は異なりますが、同じ商品、同じ内容であれば、基本的に代理店によって保険料に差は出ませんが、**不動産賃貸業に精通している代理店だと、大家目線で特約の提案をしてくれます**。大家仲間から代理店を紹介してもらっ

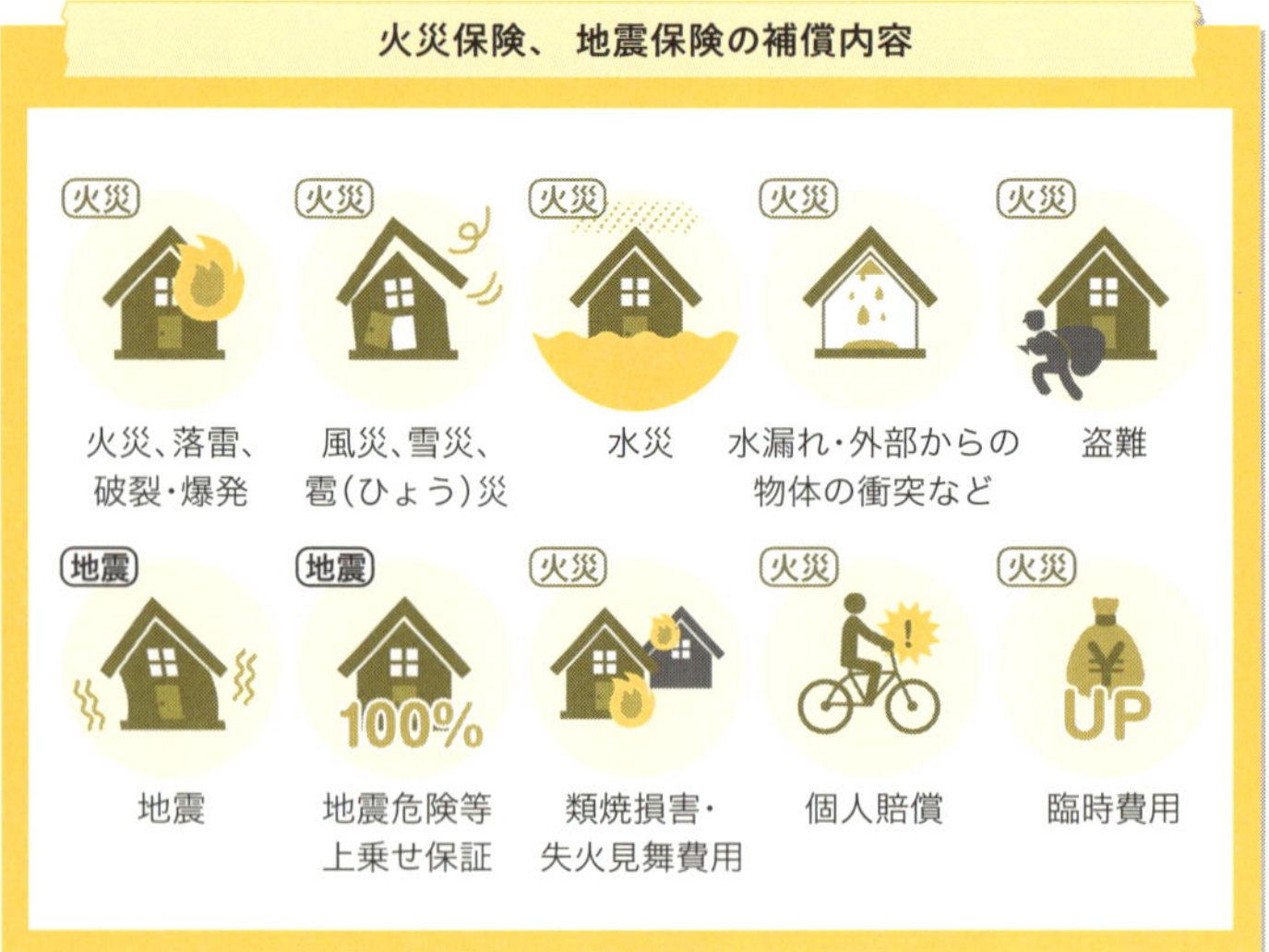

たり、仲介会社や金融機関から紹介してもらったりするのもいいでしょう。金融機関からの紹介だと、団体割引の対象になることもあります。

見積りをとったら保険内容を確認し、特約や補償内容の調整をして契約となります。契約後に保険証券と約款が郵送されてくるという流れです。

ちょっとした裏技！　火災保険の申し込みを簡単にすませる方法

ただでさえ忙しい物件購入時に火災保険の申し込みのために代理店の窓口に行くのはかなりストレスになります。

火災保険は、個人でやっている代理店なら、一度も会ったり窓口に行ったりせずに、すべてメールや郵送で完結できるところもあります。ただし、相手が信用できる代理店かどうかは事前によく確認しましょう。

❶ＬＩＮＥやメールで資料をこちらから送付
❷見積りを送付してくれる
❸申し込みもインターネットや郵送で完結

火災保険を選ぶ際のポイント

では火災保険を選ぶ際、どんなことに気をつければいいのでしょうか。

保険会社ごとに補償の内容は異なりますが、**火災、水災、竜巻、雪災、豪雨、落雷、破裂・爆発事故などに関しては、基本的に補償対象となっています**。

水害のない地域なら、水災を補償の対象外とすることもいいでしょう。補償範囲を広げれば保険料は上がるので、リスクの低い災害については補償対象外とするのも、保険料を抑える手段として有効です。大家の判断で、火災保険でどこまでのリスク対策をするのか、柔軟に対応することができます。

また**免責金額を設定すれば、補償範囲を広げつつ、保険料を抑えることができます**。

免責金額とは、保険金が支払われるときに損害の額から差し引かれる金額のことです。

例 事故損害額20万円で、免責金額5万円の場合、支払われる保険金は15万円。

次に重要なポイントは**「保険の特約」**です。特約の中には、前述したように、災害時の家賃補償をしてくれるものや賃貸物件で事故が発生した場合に、費用の補償を受けられるものなどがあります。それら特約の中でも特に重要なのが、**「施設賠償責任特約」**です。

施設賠償責任特約とは、所有する建物の欠陥や設備の不備によって、他人にケガを負わせてしまった場合や物を壊して賠償責任が生じた場合に保険金が支払われる補償です。

例「建物の修繕をしなかったことで入居者がケガをした場合」「ブロック塀の手入れが行き届かず通行人をケガさせてしまった場合」に補償の対象になります。

もちろん定期的な保守点検を行い、こういった事故を未然に防ぐことが大前提ですが、多額の賠償金を支払うような万が一のリスクに備え、加入しておきます。

ほかにも保険会社によってさまざまな特約があるので、自分の物件にあった特約を探したり、代理店に相談するようにします。

火災保険の代表的な特約まとめ

● **施設賠償責任特約**

所有する建物の欠陥や設備の不備によって、他人にケガを負わせてしまうことや物を壊して賠償責任が生じた場合に保険金が支払われる補償。

● **家賃補償特約**

火災などの事故の発生により受ける家賃の損失を補償する特約。3カ月間、6カ月間、12カ月間といったように契約時に補償する期間を設定し、その期間を上限として損失した家賃分の保険金が支払われる。

● **家主費用特約**

賃貸住宅内で死亡事故が発生したことによる空室期間や値引期間の家賃損失、清掃や脱臭などの原状回復費用、遺品整理などにかかる費用を補償

● **事故再発防止等費用特約**

「火災事故再発防止のため自動消火器を設置」「盗難事故再発防止のために防犯用のカギを設置」など、火災、落雷、爆発、盗難事故で損害が発生し保険金が下りるとき、再発防止のためのメニューが利用できる。

● **防犯対策費用補償特約**

「錠の取り換え」「防犯シャッターの設置」など、不法侵入が発生して再発防止のため建物を修繕した場合の費用を補償。

● **事故時諸費用特約**

損害保険金に10～30%の加算ができる特約。例 300万円の保険金が支払われると、30万～90万円の臨時補償保険金が追加で支払われる。大きく保険料が変わるわけではないので、上限まで設定するのがお勧め。

06 プロパンガス会社に無償で物件価値を上げてもらおう！

最後に、プロパンガス会社に協力してもらって、物件の価値を上げる方法をお話しします。

都市ガス物件は入居者が直接ガス会社と契約するので、物件購入時には手続きが不要なことがありますが、プロパンガスの場合は契約が必要です。

プロパンガスというと、都市ガスよりも料金が高くてあまりいいイメージがないという人もいると思います。しかし、**不動産投資を成功させるためにはプロパンガス会社の協力は不可欠**です。

プロパンガス会社は過当競争にさらされているうえに商品の特性上差別化が難しいことから、新規に契約をする際、さまざまサービスをしてくれることがあります。上手に活用して物件価値を向上させましょう。

プロパンガスとは

プロパンガスとは、液化石油ガスのことで、ＬＰガスとも呼ばれます。ガスは、物件により都市ガス、またはプロパンガスが供給されており、その割合は半々ぐらいだといわれています。

都市ガスだと、東京ガスや大阪ガスなど、かぎられた大手ガス会社が供給することになりますが、プロパンガスは全国に数万社もあるプロパンガス会社が供給します。

また都市ガスの場合は供給所からガス管を通して物件にガスを供給しますが、プロパンガスの場合はガスボンベを直接物件まで持っていって供給します。プロパンガスなら、故障などがあっても各物件をピンポイントで修繕ができるので、災害に強いといわれています。

一般的に都市ガスよりもガス料金が高いと考える人が多く、設備としての人気はあまりありません。しかしプロパンガスはガス会社によって料金設定が異なるので、一概にプロパンガスのほうが都市ガスより高いというわけではありません。

ガス料金を下げたり、サービスをしてくれたりすることも

プロパンガスの最大のポイントは、**供給する会社の数が非常に多く、競争が激しい**という点です。

そのため、もともとプロパンガスの物件の場合、ガス会社を切り替える際に**ガス料金の価格交渉をすることも可能**です。入居者としてはガス料金が下がることになるので、間違いなく満足度が向上します。

また、物件の工事の手伝いをしてくれることもあります。

都市ガスとプロパンガス比較

	都市ガス	プロパンガス
料金価格	○	△（会社による）
供給方法	地中のガス管	ガスボンベ
災害への対応	△（復旧まで数カ月）	○
供給会社	数百社	数万社
大家へのサービス	×	◎

例 大家のほうでウォシュレットやモニター付きインターフォンを購入し、設置だけガス会社に依頼することもできます。

ガス会社はボンベの設置に必ず物件に行くので、そのときに一緒にやってもらえるようにお願いします。プロパンガス会社は、設備会社、リフォーム会社などと兼業のことが多いので、こういったサービスをしてくれることがあります。

ほかにも、プロパンガス会社によってさまざまなサービスを受けられることがあるので、ぜひ積極的に交渉してみてください。

どんな会社があるのかは、「○○市　プロパンガス」と検索して見つけられますし、大家仲間から紹介してもらうのもいいでしょう。

ガス会社切り替え時の注意点

プロパンガス会社切り替え時に気をつけるべき点は、**途中解約時には、解約違約金を支払う契約になっている場合がある**ことです。

プロパンガスの契約は、10年から15年の長期契約になっているケースもあり、それを前の大家から引き継いだ場合、ガス会社を切り替えると解約違約金を支払う必要があります。この解約違約金は新しいガス会社に負担してもらって切り替えるケースもありますが、既設ガス会社との契約が最近だと違約金が高額であり、ガス会社を切り替えできないこともあります。前の大家が、ガス会社に配管工事をしてもらったり給湯器などの設備を供給してもらったりしていると、その残存金があるためです。

物件を購入する前に、こういった解約違約金がどのぐらい残っているのか、しっかり確認しましょう。あまり高額な違約金が残っていると、新しいガス会社に切り替えることができず、せっかくのサービスを受けられない場合があります。

またガス会社を切り替えるだけでなく、今まで供給していた会社に切り替えを検討していることを伝え、交渉することもできます。いずれにせよ、物件を購入した際はサービスを受けるチャンスなので、その機会を逃さないようにしましょう。

最後に確認!　物件購入時までにやること!　これで完璧 To Do リスト

項目	やるべきこと	チェック
売買契約❶　事前にやること		
媒介契約	不動産仲介会社と契約日までに締結	
売買契約書、重要事項説明書の内容確認 (契約日より 1、2 週間～数日前)	❶物件の表示 ❷売買代金、手付金等の額、支払日 ❸土地の実測　❹引き渡し ❺権利関係の確認 ❻付帯設備や物件状況の確認 ❼税金の精算 ❽引き渡し前の物件の滅失・毀損 ❾契約違反による解除 ❿ローン特約　⓫契約不適合責任	
売買契約❷　当日にやること		
重要事項の説明	宅地建物取引士から重要事項の説明を受け、署名捺印をする	
売買契約の締結	売買契約書に記名、押印をする。契約書には金額に応じた収入印紙を貼り、割印をする	
管理会社選び		
管理会社選びのポイント	別添の管理会社選びチェックリストを使って調査。特に、客付けの強さ、契約更新時の条件、修繕の裁量はよく確認	
火災保険		
火災保険申込み	保険代理店または保険会社に問いあわせをして申し込む	
プロパンガス		
ガス会社との新規契約、または切り替え	契約時にガス料金などについて交渉	

第5章

ほかの投資家と差をつける！ 物件運用術

いよいよ大家さんに！

最後に運用術を学びましょう

物件が購入できて、ついに不動産投資家としてスタートを切ることができました。最後に、購入した物件の運用術について見ていきます。

ここで取り扱うのは、賃貸借契約のポイント、火災保険を使った修繕方法、キャッシュフローの改善方法ですが、ここまで注力する投資家は多くありません。

さらには、具体的な事例を用いたケーススタディも用意しているので、物件を運営するイメージができるでしょう。

第５章の内容を理解することで、不動産投資家としてレベルアップすること間違いなしです。最後までしっかり学んでいきましょう！

01

入居者と賃貸借契約を結ぶときのポイント

物件を購入できたら、いよいよ不動産賃貸業のスタートです！

第5章では、ほかの投資家と差をつけるような物件運用術を見ていきます。

まずは賃貸借契約についてです。

家賃収入を得るために、あなたは貸主として借主である入居者と賃貸借契約を結びます。すでに入居している人たちについては契約を引き継ぐだけですが、新たに入居者を見つけた場合は新規の契約が必要になります。

一度契約を締結すると**解約や契約内容の変更を申し出てもなかなか認められないので、事前に契約内容を十分に確認しないといけません**。賃貸借契約書の内容までチェックする投資家はそう多くはありません。しっかり身につけて一歩抜きんでた投資家になりましょう！

賃貸借契約書の概要

賃貸借契約書は、その名のとおり、**貸主と借主の間で契約を結ぶための書類**です。内容は大きく分けて2つです。

POINT

❶物件の所在地や部屋の間取りなど、対象物件を特定する項目
❷契約期間や用途、家賃額など取引条件に関する項目

入居したい！　という人が現れたらすぐ契約するというわけではなく、通常の場合、次のような流れを経て賃貸借契約を結ぶことになります。

賃貸借契約までの流れ

入居を検討したいという人が現れたら、まずは管理会社や客付け会社が入居希望者を「❶物件の内見案内」します。そこで物件を気に入ってもらえて、入居を希望してくれたら、同じく管理会社や客付け会社が入居希望者に「❷入居申込書を提出」してもらいます。

その後、家賃保証会社を利用せずに連帯保証人を立てたいという人も稀にいますが、一般的には入居申込書に基づいて「❸家賃保証会社の審査」が実施されます。

それと同時に、大家であるあなたにも『❹管理会社から「こんな人が入居申し込みをしているが、

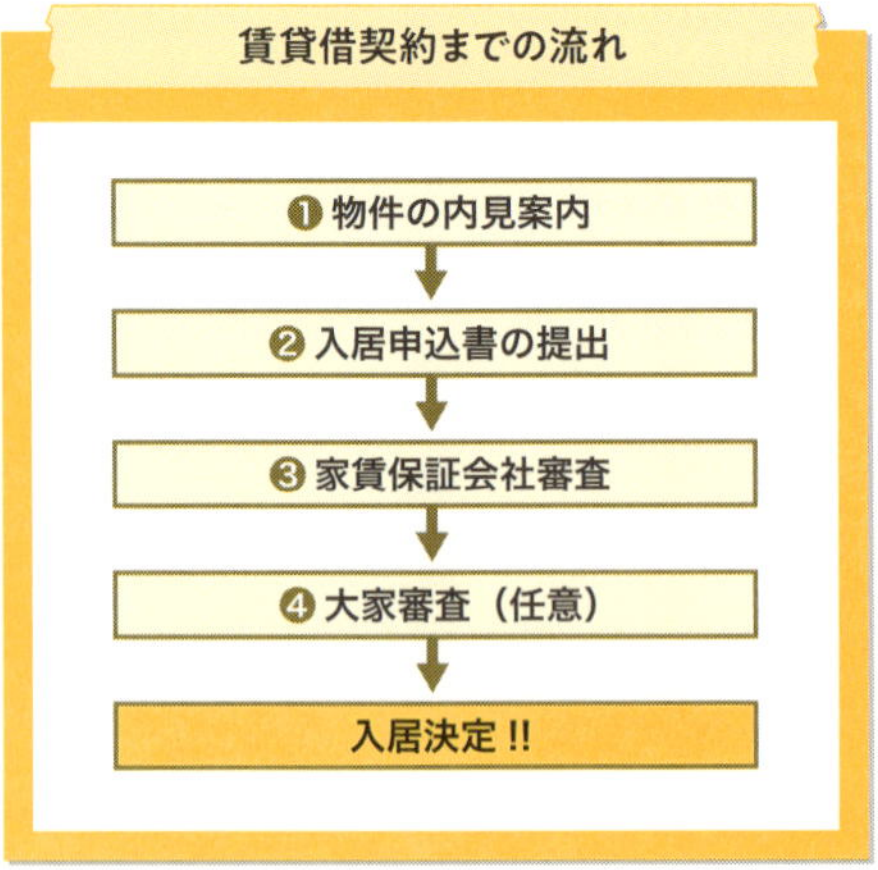

話を進めていいか？」という相談』がきます。もちろん自分の判断で断ることも可能ですが、明確な理由もなく断ると、管理会社や客付け会社からの信頼を損ねることになるので気をつけましょう。

またペット不可で募集している物件に、「ペットを連れて入居したい」といった相談があることもあります。そんなときはただ断るのではなく、家賃アップや敷金を3カ月分もらうことを条件にするなど、自分の裁量で条件をつけて認めることも可能です。

こういった流れを経て、最終的に賃貸借契約を結ぶことになります。

なお、管理会社を使わず自主管理している物件の場合は、自分で入居希望者に家賃保証会社に申し込んでもらうよう依頼したり、客付け会社に手伝ってもらったりします。

賃貸借契約書のポイント

それでは賃貸借契約書のポイントを見ていきます。

ここでチェックする内容は、入居希望者が現れる前に事前に確認しておかなくてはいけません。通常契約書は管理会社が用意しますが、**場合によっては内容変更できるよう交渉します**。事前に確認しておくべきポイントは、次の3点です。

POINT

❶家賃などの支払い関係　❷期日について
❸入居者と大家の負担区分に関すること

❶家賃などの支払い関係

管理会社との管理契約のときと同様、**お金に関することは、最もトラブルになりやすい**ので、気をつけましょう。

家賃などはしっかりチェックしても、入居者からの家賃の振込先をチェックするのを忘れてしまいがちです。振込先がどこになっているのかも確認しましょう。多くの場合は管理会社になっているはずですが、自分になっているなら、毎月自分で入金確認をしないといけなくなってしまいます。

また**敷金の代わりに、退去時修繕費などの名目で預かり金をもらうことがあります**が、その表記も正しいか確認します。こうすることによって、「敷金なし」を条件に物件検索しても、自分の物件がヒットするようになるという効果があります。

なお、更新時以外にも地価の上昇などを理由に家賃や共益費を変更する可能性があると思ったら、「協議の上、金額を改定することができる」という文言を、あらかじめ記載しておくといいでしょう。

❷期日について

家賃の支払期限は月末というのが一般的ですが、特段決まりはありません。

また、**解約の申し入れ（退去の通知）については、30日前までとしている契約書が多いですが、これも決まりはありません**。解約の申し入れがあってから実際に退去するまでに、次の入居者の募集を開始したり、開始できなくてもその準備をしたりしたいので、可能であれば2カ月前としましょう。

③入居者と大家の負担区分に関すること

最後に、**入居者と大家との、修繕費用などの負担区分についての取り決め**です。

退去時の原状回復費用は、入居者の過失によるものを除き、入居者の費用負担とすることは難しく、経年によるものは大家で負担します。

入居している間の修繕費用については、**躯体、設備（建物そのものや扉などの建具）については大家負担となります**。**入居者の過失による修繕（タバコを落として畳が焦げてしまった場合の畳の表替えなど）については、入居者の費用負担にします**。

費用負担区分のトラブルを避けるために「修繕費用負担区分表」という一覧表を作成し、入居者と大家それぞれで実施すべき修繕を細かく規定することもできます。

また、家具、家電を部屋に用意して入居者の募集を行うことがあります。その際に、**それらを部屋の設備として入居者に貸すと、故障時などは大家が修理や買い替えをする必要があります**。これは、貸しつけではなく入居者へのプレゼントとすれば、その後の修理や買い替えの費用を入居者の負担とすることも可能です。ただしこの場合、退去時に家具や家電を入居者が持っていくので、退去後また新しく用意する必要があります。

以上が、賃貸借契約書のポイントです。

ここで触れたもの以外についても、賃貸借契約書の雛形に明記したので（次頁参照）、ぜひ参考にしてください。

賃貸借契約書の注意点まとめ

賃貸住宅標準契約書（改訂版）

頭書

(1) - 賃貸借の目的物

建物の名称・所在地等	名　称	メゾン八国		
	所在地	神奈川県平塚市〇〇　〇-〇-〇		
	建て方	共同建・長屋建・一戸建・その他	構造：木造・非木造(　　)／2 階建	工事完了年：1995 年（大規模修繕を（　）年 実施）
			戸数：10 戸	

住戸部分	住戸番号	101 号室	間取り（ 2 ）LDK・DK・K／ワンルーム／
	面　積	45 m²	（それ以外に、バルコニー　　m²）

設備等	
トイレ	専用（水洗・非水洗）・共用（水洗・非水洗）
浴室	有・無
シャワー	有・無
洗面台	有・無
洗濯機置場	有・無
給湯設備	有・無
ガスコンロ・電気ｺﾝﾛ・IH調理器	有・無
冷暖房設備	有・無
備えつけ照明設備	有・無
オートロック	有・無
地デジ対応・CATV対応	有・無
インターネット対応	有・無
メールボックス	有・無
宅配ボックス	有・無
鍵	有・無　（鍵No.　〇〇　・　2　本）
	有・無
使用可能電気容量	（　40　）アンペア
ガス	有（都市ガス・プロパンガス）・無
上水道	水道本管より直結・受水槽・井戸水
下水道	有（公共下水道・浄化槽）・無

附属施設			
駐車場	含む・含まない		＿＿台分（位置番号：＿＿＿）
バイク置場	含む・含まない	1	台分（位置番号：〇〇）
自転車置場	含む・含まない	1	台分（位置番号：〇〇）
物置	含む・含まない		
専用庭	含む・含まない		
	含む・含まない		

(2) 契約期間

始　期	令和 2 年 11 月 1 日から	2 年 0 月間
終　期	令和 4 年 10 月 31 日から	

賃貸需要が強いエリアであれば契約期間は1年とし、更新のたびに更新料をもらうケースもある

月末までの振り込みが一般的。ただし25日締めにするケースもある

大家自身の口座となっていないか確認

(3) 賃料等

賃料・共益費		支払期限	支払方法	
賃料	55,000 円	当月分・翌月分を 毎月 末 日まで	振込、口座振替または持参	振込先金融機関名：○○銀行　○○支店 預金：普通 当座 口座番号：1234567 口座名義人：株式会社○○不動産管理 振込手数料負担者：貸主 借主
共益費	3,000 円	当月分・翌月分を 毎月 末 日まで		持参先：
敷金	賃料 0 カ月相当分 円	その他一時金		
附属施設使用料				
その他				

月末までの振り込みが一般的。ただし25日締めにするケースもある

敷金を0円とし、ほかの名目で受領するケースが増えている（退去時清掃費用、退去時修繕費など）

(4) 貸主および管理業者

貸主（社名・代表者）	住所　〒178-0062 東京都練馬区大泉町○-○-○メゾンカタクリ102 氏名　佐藤 由紀　電話番号 ○○○-○○○-○○○
管理業者（社名・代表者）	所在地　〒101-0054 東京都千代田区神田錦町○-○-○-○○○ 商号（名称）株式会社○○不動産管理 電話番号 ○○○-○○○-○○○ 賃貸住宅管理業者登録番号　国土交通大臣（ 1 ）第 ○○ 号

※貸主と建物の所有者が異なる場合は、次の欄も記載すること。

建物の所有者	住所　〒 氏名　電話番号

(5) 借主および同居人

	借主	同居人
氏名	（氏名）高橋 龍太 （年齢） 35 歳 （電話番号） ○○○-○○○-○○○	（氏名） 高橋 圭子 （年齢）35 歳 （氏名） （年齢） 歳 （氏名） （年齢） 歳 合計 2 人
緊急時の連絡先	住所　〒254-0000 神奈川県平塚市○○-○-○-○ 氏名 高橋 貞　電話番号 ○○○-○○○-○○○ 借主との関係 父	

(6) 家賃債務保証業者

家賃債務保証業者	所在地　〒101-0023 東京都千代田区神田松永町○-○-○-○○○ 商号（名称）株式会社○○家賃保証 電話番号 ○○○-○○○-○○○ 家賃債務保証業者登録番号　国土交通大臣（ 1 ）第 ○○ 号

（契約の締結）
第１条　貸主（以下「甲」という。）及び借主（以下「乙」という。）は、頭書（１）に記載する賃貸借の目的物（以下「本物件」という。）について、以下の条項により賃貸借契約（以下「本契約」という。）を締結した。
（契約期間及び更新）
第２条　契約期間は、頭書（２）に記載するとおりとする。
２　甲及び乙は、協議の上、本契約を更新することができる。
（使用目的）
第３条　乙は、居住のみを目的として本物件を使用しなければならない。
（賃料）
第４条　乙は、頭書（３）の記載に従い、賃料を甲に支払わなければならない。
２　１か月に満たない期間の賃料は、１か月を30日として日割計算した額とする。
３　甲及び乙は、次の各号の一に該当する場合には、協議の上、賃料を改定することができる。
　一　土地又は建物に対する租税その他の負担の増減により賃料が不相当となった場合
　二　土地又は建物の価格の上昇又は低下その他の経済事情の変動により賃料が不相当となった場合
　三　近傍同種の建物の賃料に比較して賃料が不相当となった場合

契約更新以外でも入居者と大家で協議のうえ、賃料を改定することができる

（共益費）
第５条　乙は、階段、廊下等の共用部分の維持管理に必要な光熱費、上下水道使用料、清掃費等（以下この条において「維持管理費」という。）に充てるため、共益費を甲に支払うものとする。
２　前項の共益費は、頭書（３）の記載に従い、支払わなければならない。
３　１か月に満たない期間の共益費は、１か月を30日として日割計算した額とする。
４　甲及び乙は、維持管理費の増減により共益費が不相当となったときは、協議の上、共益費を改定することができる。

契約更新時以外でも入居者と大家で協議のうえ、共益費を改定することができる

（敷金）
第６条　乙は、本契約から生じる債務の担保として、頭書（３）に記載する敷金を甲に交付するものとする。
２　甲は、乙が本契約から生じる債務を履行しないときは、敷金をその債務の弁済に充てることができる。この場合において、乙は、本物件を明け渡すまでの間、敷金をもって当該債務の弁済に充てることを請求することができない。
３　甲は、本物件の明渡しがあったときは、遅滞なく、敷金の全額を乙に返還しなければならない。ただし、本物件の明渡し時に、賃料の滞納、第15条に規定する原状回復に要する費用の未払いその他の本契約から生じる乙の債務の不履行が存在する場合には、甲は、当該債務の額を敷金から差し引いた額を返還するものとする。
４　前項ただし書の場合には、甲は、敷金から差し引く債務の額の内訳を乙に明示しなければならない。

本契約書を準備する会社（管理会社や仲介会社等）の創業時期によってはこの条文がない可能性があるため確認

（反社会的勢力の排除）
第7条　甲及び乙は、それぞれ相手方に対し、次の各号の事項を確約する。
一　自らが、暴力団、暴力団関係企業、総会屋若しくはこれらに準ずる者又はその構成員（以下総称して「反社会的勢力」という。）ではないこと。
二　自らの役員（業務を執行する社員、取締役、執行役又はこれらに準ずる者をいう。）が反社会的勢力ではないこと。
三　反社会的勢力に自己の名義を利用させ、この契約を締結するものでないこと。
四　自ら又は第三者を利用して、次の行為をしないこと。
ア　相手方に対する脅迫的な言動又は暴力を用いる行為
イ　偽計又は威力を用いて相手方の業務を妨害し、又は信用を毀損する行為
2　乙は、甲の承諾の有無にかかわらず、本物件の全部又は一部につき、反社会的勢力に賃借権を譲渡し、又は転貸してはならない。

（禁止又は制限される行為）
第8条　乙は、甲の書面による承諾を得ることなく、本物件の全部又は一部につき、賃借権を譲渡し、又は転貸してはならない。
2　乙は、甲の書面による承諾を得ることなく、本物件の増築、改築、移転、改造若しくは模様替又は本物件の敷地内における工作物の設置を行ってはならない。
3　乙は、本物件の使用に当たり、別表第1に掲げる行為を行ってはならない。
4　乙は、本物件の使用に当たり、甲の書面による承諾を得ることなく、別表第2に掲げる行為を行ってはならない。
5　乙は、本物件の使用に当たり、別表第3に掲げる行為を行う場合には、甲に通知しなければならない。

（契約期間中の修繕）
第9条　甲は、乙が本物件を使用するために必要な修繕を行わなければならない。この場合の修繕に要する費用については、乙の責めに帰すべき事由により必要となったものは乙が負担し、その他のものは甲が負担するものとする。
2　前項の規定に基づき甲が修繕を行う場合は、甲は、あらかじめ、その旨を乙に通知しなければならない。この場合において、乙は、正当な理由がある場合を除き、当該修繕の実施を拒否することができない。
3　乙は、本物件内に修繕を要する箇所を発見したときは、甲にその旨を通知し修繕の必要について協議するものとする。
4　前項の規定による通知が行われた場合において、修繕の必要が認められるにもかかわらず、甲が正当な理由なく修繕を実施しないときは、乙は自ら修繕を行うことができる。この場合の修繕に要する費用については、第1項に準ずるものとする。
5　乙は、別表第4に掲げる修繕について、第1項に基づき甲に修繕を請求するほか、自ら行うことができる。乙が自ら修繕を行う場合においては、修繕に要する費用は乙が負担するものとし、甲への通知及び甲の承諾を要しない。

この条文が修繕費用負担区分に影響を与える。例えば家具、家電などを貸主が借主に貸し付けとすると、故障時などは貸主が費用負担をする。貸し付けではなく譲渡とし、修繕費用負担区分を借主とすることも可能。修繕費用負担区分表を添付し、貸主、借主にとって修繕費用負担区分をわかりやすいようにするケースがある

（契約の解除）

第10条　甲は、乙が次に掲げる義務に違反した場合において、甲が相当の期間を定めて当該義務の履行を催告したにもかかわらず、その期間内に当該義務が履行されないときは、本契約を解除することができる。

一　第４条第１項に規定する賃料支払義務

二　第５条第２項に規定する共益費支払義務

三　前条第１項後段に規定する乙の費用負担義務

2　甲は、乙が次に掲げる義務に違反した場合において、甲が相当の期間を定めて当該義務の履行を催告したにもかかわらず、その期間内に当該義務が履行されずに当該義務違反により本契約を継続することが困難であると認められるに至ったときは、本契約を解除することができる。

一　第３条に規定する本物件の使用目的遵守義務

二　第８条各項に規定する義務（同条第３項に規定する義務のうち、別表第１第六号から第八号に掲げる行為に係るものを除く。）

三　その他本契約書に規定する乙の義務

3　甲又は乙の一方について、次のいずれかに該当した場合には、その相手方は、何らの催告も要せずして、本契約を解除することができる。

一　第７条第１項各号の確約に反する事実が判明した場合

二　契約締結後に自ら又は役員が反社会的勢力に該当した場合

4　甲は、乙が第７条第２項に規定する義務に違反した場合又は別表第１第六号から第八号に掲げる行為を行った場合には、何らの催告も要せずして、本契約を解除することができる。

（乙からの解約）

第11条　乙は、甲に対して少なくとも30日前に解約の申入れを行うことにより、本契約を解約することができる。

退去までに入居募集を開始することを勘案し、住宅の場合は30日前ではなく、2カ月前とするケースもある。オフィスは6カ月前、店舗は12カ月前とするケースがある

2　前項の規定にかかわらず、乙は、解約申入れの日から30日分の賃料（本契約の解約後の賃料相当額を含む。）を甲に支払うことにより、解約申入れの日から起算して30日を経過する日までの間、随時に本契約を解約することができる。

上記コメントとあわせ修正

（一部滅失等による賃料の減額等）

第12条　本物件の一部が滅失その他の事由により使用できなくなった場合において、それが乙の責めに帰することができない事由によるものであるときは、賃料は、その使用できなくなった部分の割合に応じて、減額されるものとする。この場合において、甲及び乙は、減額の程度、期間その他必要な事項について協議するものとする。

2　本物件の一部が滅失その他の事由により使用できなくなった場合において、残存する部分のみでは乙が賃借をした目的を達することができないときは、乙は、本契約を解除することができる。

（契約の終了）
第13条　本契約は、本物件の全部が滅失その他の事由により使用できなくなった場合には、これによって終了する。
（明渡し）
第14条　乙は、本契約が終了する日までに（第10条の規定に基づき本契約が解除された場合にあっては、直ちに）、本物件を明け渡さなければならない。
2　乙は、前項の明渡しをするときには、明渡し日を事前に甲に通知しなければならない。
（明渡し時の原状回復）
第15条　乙は、通常の使用に伴い生じた本物件の損耗及び本物件の経年変化を除き、本物件を原状回復しなければならない。ただし、乙の責めに帰することができない事由により生じたものについては、原状回復を要しない。
2　甲及び乙は、本物件の明渡し時において、契約時に特約を定めた場合は当該特約を含め、別表第5の規定に基づき乙が行う原状回復の内容及び方法について協議するものとする。
（立入り）
第16条　甲は、本物件の防火、本物件の構造の保全その他の本物件の管理上特に必要があるときは、あらかじめ乙の承諾を得て、本物件内に立ち入ることができる。
2　乙は、正当な理由がある場合を除き、前項の規定に基づく甲の立入りを拒否することはできない。
3　本契約終了後において本物件を賃借しようとする者又は本物件を譲り受けようとする者が下見をするときは、甲及び下見をする者は、あらかじめ乙の承諾を得て、本物件内に立ち入ることができる。
4　甲は、火災による延焼を防止する必要がある場合その他の緊急の必要がある場合においては、あらかじめ乙の承諾を得ることなく、本物件内に立ち入ることができる。この場合において、甲は、乙の不在時に立ち入ったときは、立入り後その旨を乙に通知しなければならない。
（家賃債務保証業者の提供する保証）
第17条　頭書（6）に記載する家賃債務保証業者の提供する保証を利用する場合には、家賃債務保証業者が提供する保証の内容については別に定めるところによるものとし、甲及び乙は、本契約と同時に当該保証を利用するために必要な手続を取らなければならない。
（協議）
第18条　甲及び乙は、本契約書に定めがない事項及び本契約書の条項の解釈について疑義が生じた場合は、民法その他の法令及び慣行に従い、誠意をもって協議し、解決するものとする。
（特約条項）
第19条　第18条までの規定以外に、本契約の特約については、下記のとおりとする。

甲：　佐藤　由紀
乙：　高橋　龍太

別表第１（第８条第３項関係）

一	銃砲、刀剣類又は爆発性、発火性を有する危険な物品等を製造又は保管すること
二	大型の金庫その他の重量の大きな物品等を搬入し、又は備え付けること
三	排水管を腐食させるおそれのある液体を流すこと
四	大音量でテレビ、ステレオ等の操作、ピアノ等の演奏を行うこと
五	猛獣、毒蛇等の明らかに近隣に迷惑をかける動物を飼育すること
六	本物件を、反社会的勢力の事務所その他の活動の拠点に供すること
七	本物件又は本物件の周辺において、著しく粗野若しくは乱暴な言動を行い、又は威勢を示すことにより、付近の住民又は通行人に不安を覚えさせること
八	本物件に反社会的勢力を居住させ、又は反復継続して反社会的勢力を出入りさせること

別表第２（第８条第４項関係）

一	階段、廊下等の共用部分に物品を置くこと
二	階段、廊下等の共用部分に看板、ポスター等の広告物を掲示すること
三	観賞用の小鳥、魚等であって明らかに近隣に迷惑をかけるおそれのない動物以外の犬、猫等の動物（別表第1第五号に掲げる動物を除く。）を飼育すること

別表第３（第８条第５項関係）

一	頭書（５）に記載する同居人に新たな同居人を追加（出生を除く。）すること
二	1カ月以上継続して本物件を留守にすること

別表第４（第９条第３項関係）

ヒューズの取替え	蛇口のパッキン、コマの取替え
風呂場等のゴム栓、鎖の取替え	電球、蛍光灯の取替え
その他費用が軽微な修繕	

別表第５（第 14 条関係）

【原状回復の条件について】

本物件の原状回復条件は、下記Ⅱの「例外としての特約」による以外は、賃貸住宅の原状回復に関する費用負担の一般原則の考え方によります。すなわち、

・賃借人の故意・過失、善管注意義務違反、そのほか通常の使用方法を超えるような使用による損耗などについては、賃借人が負担すべき費用となる

・建物・設備などの自然的な劣化・損耗など（経年変化）および賃借人の通常の使用により生ずる損耗など（通常損耗）については、賃貸人が負担すべき費用となる

ものとします。

その具体的内容は、国土交通省の「原状回復をめぐるトラブルとガイドライン（再改訂版）」において定められた別表1および別表2のとおりですが、その概要は、下記Ⅰのとおりです。

Ⅰ 本物件の原状回復条件

（ただし、民法第90条および消費者契約法第8条、第9条、および第10条に反しない内容に関して、下記Ⅱの「例外としての特約」の合意がある場合は、その内容によります）

1 賃貸人・賃借人の修繕分担表

賃貸人の負担となるもの	賃借人の負担となるもの
床（畳・フローリング・カーペットなど）	
1. 畳の裏返し、表替え（特に破損してないが、次の借主確保のために行うもの） 2. フローリングのワックスがけ 3. 家具の設置による床、カーペットの凹み、設置跡 4. 畳の変色、フローリングの色落ち（日照、建物構造欠陥による雨漏りなどで発生したもの）	1. カーペットに飲み物などをこぼしたことによるシミ、カビ（こぼしたあとの手入れ不足などの場合） 2. 冷蔵庫下のサビ跡（サビを放置し、床に汚損などの損害を与えた場合） 3. 引越作業などで生じた引っかき傷 4. フローリングの色落ち（賃借人の不注意で雨が吹き込んだことなどによるもの）
壁、天井（クロスなど）	
1. テレビ、冷蔵庫などの後部壁面の黒ずみ（いわゆる電気ヤケ） 2. 壁に貼ったポスターや絵画の跡 3. 壁などの画びょう、ピンなどの穴（下地ボードの張り替えは不要な程度のもの） 4. エアコン（賃借人所有）設置による壁のビス穴、跡 5. クロスの変色（日照などの自然現象によるもの）	1. 賃借人が日常の清掃を怠ったための台所の油汚れ（使用後の手入れが悪く、ススや油が付着している場合） 2. 賃借人が結露を放置したことで拡大したカビ、シミ（賃貸人に通知もせず、かつ、拭き取るなどの手入れを怠り、壁などを腐食させた場合） 3. クーラーから水漏れし、賃借人が放置したため壁が腐食 4. タバコのヤニ、臭い（喫煙などによりクロスなどが変色したり、臭いが付着している場合） 5. 壁などの釘穴、ネジ穴（重量物をかけるために開けたもので、下地ボードの張り替えが必要な程度のもの） 6. 賃借人が天井に直接つけた照明器具の跡 7. 落書きなどの故意による毀損

建具等、襖、柱等	
1. 網戸の張替え(特に破損はしてないが、次の借主確保のために行うもの) 2. 地震で破損したガラス 3. 網入りガラスの亀裂(構造により自然に発生したもの)	1. 飼育ペットによる柱などのキズ、臭い(ペットによる柱、クロスなどに傷がついたり、臭いが付着している場合) 2. 落書きなどの故意による毀損
設備、その他	
1. 専門業者による全体のハウスクリーニング(賃借人が通常の清掃を実施している場合) 2. エアコンの内部洗浄(喫煙などの臭いなどが付着していない場合) 3. 消毒(台所・トイレ) 4. 浴槽、風呂釜等の取替え(破損等はしていないが、次の借主確保のために行うもの) 5. 鍵の取り替え(破損、鍵紛失のない場合) 6. 設備機器の故障、使用不能(機器の寿命によるもの)	1. ガスコンロ置き場、換気扇などの油汚れ、すす(賃借人が清掃・手入れを怠った結果汚損が生じた場合) 2. 風呂、トイレ、洗面台の水垢、カビなど(賃借人が清掃・手入れを怠った結果汚損が生じた場合) 3. 日常の不適切な手入れもしくは用法違反による設備の毀損 4. 鍵の紛失または破損による取り替え 5. 戸建賃貸住宅の庭に生い茂った雑

2 賃借人の負担単位

負担内容		賃借人の負担単位		経過年数などの考慮
床	毀損部分の補修	畳	原則1枚単位。毀損部分が複数枚の場合はその枚数分(裏返しか表替えかは、毀損の程度による)	(畳表) 経過年数は考慮しない。
		カーペット クッションフロア	毀損などが複数個所の場合は、居室全体	(畳床・カーペット・クッションフロア) 6年で残存価値1円となるような負担割合を算定する
		フローリング	原則m^2単位。毀損などが複数個所の場合は、居室全体	(フローリング) 補修は経過年数を考慮しない(フローリング全体にわたる毀損などがあり、張り替える場合は、当該建物の耐用年数で残存価値1円となるような負担割を算定する)

壁・天井（クロス）部分の補修	毀損部分の補修	壁（クロス）	m^2 単位が望ましいが、賃借人が毀損した個所を含む１面分までは張り替え費用を賃借人負担としてもやむを得ないとする	（壁〔クロス〕） ６年で残存価値１円となるような負担割合を算定する
		タバコなどのヤニ、臭い	喫煙などにより当該居室全体においてクロスなどがヤニで変色したり臭いが付着した場合のみ、居室全体のクリーニングまたは張替費用を賃借人負担とすることが妥当と考えられる	
建具・柱	毀損部分の補修	襖	１枚単位	（襖紙、障子紙） 経過年数は考慮しない
		柱	１本単位	（襖、障子などの建具部分、柱） 経過年数は考慮しない
設備・その他	設備の補修	設備機器	補修部分、交換相当費用	（設備機器） 耐用年数経過時点で残存価値１円となるような直線（または曲線）を想定し、負担割合を算定する
	返却	鍵	補修部分。紛失の場合は、シリンダーの交換も含む。	鍵の紛失の場合は、経過年数は考慮しない。交換費用相当分を借主負担とする
	通常の清掃※	クリーニング ※通常の清掃や退去時の清掃を怠った場合のみ	部位ごと、または住戸全体	経過年数は考慮しない。借主負担となるのは、通常の清掃を実施していない場合で、部位もしくは、住戸全体の清掃費用相当分を借主負担とする。

設備などの経過年数と賃借人負担割合（耐用年数６年および８年、定額法の場合）
賃借人負担割合（原状回復義務がある場合）

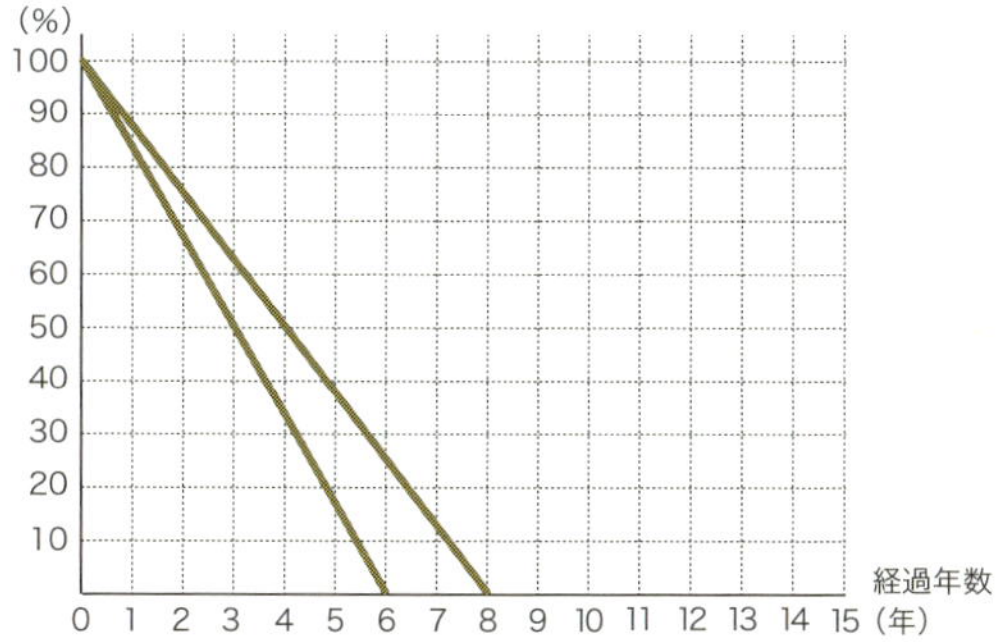

年数が経過するほど、修繕時の入居者の費用負担は減る（大家の費用負担が増える）

3 原状回復工事施工目安単価

（物件に応じて、空欄に「対象箇所」「単位」「単価（円）」を記入して使用してください）

対象個所			単位	単価（円）
床		CF・フロアタイル・フローリング貼り替え	m^2	2,400 ～・4,400 ～・7,000 ～
天井・壁		クロス貼り替え	m^2	～ 900 ～
建具・柱		木製扉作成	一式	42,000 ～
設備・その他	共通	床（フローリング）、建具等の補修	一式	23,000 ～
	玄関・廊下	鍵交換・キズや凹みの補修（1人工1日）	一式	12,000 ～・35,000 ～
	台所・キッチン	キッチン版補修	一式	35,000 ～
	浴室・洗面所・トイレ	風呂や洗面所鏡の交換	1枚	10,000 ～
その他				

※この単価は、あくまでも目安であり、入居時における賃借人・賃貸人双方で負担の概算額を認識するためのものです。

※したがって、退去時においては、資材の価格や在庫状況の変動、毀損の程度や原状回復施工方法などを考慮して、賃借人・賃貸人双方で協議した施工単価で原状回復工事を実施することとなります。

管理会社に確認する

II 例外としての特約

原状回復に関する費用の一般原則は上記のとおりですが、賃借人は、例外として、下記の費用については、賃借人の負担とすることに合意します（ただし、民法第90条および消費者契約法第8条、第9条、および第10条に反しない内容にかぎります）。

退去時、クリーニング費用48,000円は借主負担都する。

甲：　佐藤　由紀　㊞

乙：　高橋　龍太　㊞

記名押印する

記名押印欄

下記貸主（甲）と借主（乙）は、本物件について上記のとおり賃貸借契約を締結したことを証するため、本契約書２通を作成し、甲乙記名押印の上、各自その１通を保有する。

令和　2　年　10　月　30　日

貸主（甲）	住所	〒178-0062 東京都練馬区大泉町○-○-○メゾンカタクリ102	
	氏名	佐藤　由紀	印
	電話番号	○○○-○○○-○○○	
借主（乙）	住所	〒254-○○○○ 神奈川県平塚市○○　○-○-○	
	氏名	高橋　龍太	印
	電話番号	○○○-○○○-○○○	
媒介	免許証番号〔東京都〕	知事・国土交通大臣（ 1 ）	第○号
業者			
代理	事務所所在地	〒101-0024 東京都千代田区神田和泉町○-○-○-○○○	
	商号（名称）	株式会社○○不動産仲介	
	代表者氏名	木村　剛	印
	宅地建物取引主任者	登録番号〔東京都〕知事	第○号
		氏　名　伊藤　彩子	印

記名押印する

02 火災保険を活用して修繕をする方法

火災による損害はもちろん、台風や豪雨、地震などの自然災害による損害も補償となる火災保険。災害による損害があったときには、もちろん保険金を受け取ることができますが、意外と活用できていない人がたくさんいます。

本来、火災保険を使って直せるものを、自己資金で修繕するのはもったいないので、ここでは、**どんな場合に火災保険を使って修繕ができるのか**見ていきます。ここも意識していない投資家が多いので、しっかり勉強すれば差をつけられます。

火災保険の活用事例

「火災保険の補償なんて、大きな災害がないかぎりもらえないんじゃないの？」

そう思った人もいるでしょう。もちろん、大災害で建物が全壊・半壊してしまったときに、火災保険の補償は不可欠です。しかしそういった緊急事態だけでなく、次のような少額な損害でも、災害によるものであれば保険の申請ができます。

例　強風や雪の重さでカーポートや屋根瓦が壊れてしまった。

例　車がぶつかって柵が壊れた。

例　真夏の暑さでガラスが割れてし

火災保険活用の事例

風害

台風でカーポートが飛んだ。20万円程度

雪害

雪の重みでカーポートの屋根が凹んだ。5万円程度

風害

強風で屋根瓦が飛んだ。100万円程度

積雪

雪の重みで雨樋が変形した。30万円程度

車の衝突

車が衝突して柵が倒れ、交換した。20万円程度

熱

暑さで熱割れしたガラスを交換した。10万円程度

まった。

大規模な災害に比べれば小さな損害ですが、それでも数万〜数百万円ほど修繕費用がかかるでしょう。「住むのに問題ないから直さなくていい」というのではなく、火災保険を使って修繕できるものは、しっかりと保険の申請をするべきです。

火災保険の申請方法

では火災保険の申請方法ですが、自分で申請をする方法と、申請代行業者に依頼する方法があります。

自分で申請する方法

工事会社と協力し、申請書類一式を作成し、保険会社へ申請します。

これが一般的な申請方法です。工事会社に見積書の作成をしてもらい、自分でそのほかの申請書（状況写真など）を作成し、保険会社から追加書類の依頼などがあっても、すべて自分で対応しなくてはならないので、手間と時間がかかります。ですが、手数料がかかりません。また、一度工事会社と信頼関係が構築できれば、別の損害時にもスムーズに見積りを手配することができます。

申請代行に依頼する方法

申請書一式の作成を、代行会社（コンサル会社など）に一任する方法です。

通常の場合、承認された保険金の25～35％を手数料として代行会社に支払う契約になります。あまり手間がかからないのと、自分では気づかないような損害も発見して保険金を請求してくれる可能性があるというメリットがあります。

申請方法ごとのメリット・デメリット

	自身	申請代行
手間	△ （多少手間がかかる）	○ （ほとんど手間なし）
手数料	○ （手数料なし）	× （承認金額の 25 ～ 35% 程度）
リスク	○ （リスクなし）	× （会社によってはリスクあり）
発見個所	△	○
今後の広がり	○ （工事会社との信頼関係構築）	×

一方で、代行会社を使用する際のリスクや注意点もあるので、慎重に会社選びをする必要があります。

代行会社を利用する際の注意点

火災保険申請代行会社の中には、まれに違法になり得る行為をしているところがあります。

例 火災保険申請代行を無料でやる代わりに、抱きあわせでリフォーム工事を強要してくる会社がありますが、これは独占禁止法違反になる可能性があります。

さらに悪質になると、自分たちで物件を壊すことで**実際よりも過大な被害を報告して保険金を請求する会社もあり、これは詐欺罪にあたる可能性があります**。

また代行会社を使うと、承認された保険金から25～35％を支払った残りの金額で工事をするため、保険金よりも工事費用のほうが高くなってしまうこともあります。それなら修繕はせず保険金だけもらおうということも可能です。これは違法ではありませんが、今後さらなる損害が発生したとき、同じ個所は修繕をしていないと再申請することはできません。

そして、**一度悪質な代行会社を使ってしまうと、今後火災保険の申請が承認されにくくなることもあります**。なかには保険会社から怪しまれている代行会社もあり、そういったところにお願いしてしまうと、次に保険申請をした際、厳しい審査になってしまうかもしれません。

このように、代行会社を使用する際には注意すべき点がいくつかあります。それでも、はじめて火災保険申請をする場合は、メリットも大きいので信頼できる会社を紹介してもらったり見つけることができたなら、使用を検討してもいいでしょう。

火災保険申請の流れ

保険申請の流れとしては、**まず現地で事故を発見したら、工事会社に修繕の見積書の作成を依頼**します。緊急を要する損害であればこの段階で修繕を実施し、保険はあとから申請することになります。そして**この見積書と一緒に損害状況の報告書を作成し、保険会社に報告をして申請書を送ってもらう**ようにします。このとき、「台風○号の強風によって○○が破損した」といったように、損害内容を保険会社に説明します。

火災保険申請の流れ

❶ 現地確認
▼
❷ 報告書作成①〈状況報告書、見積書〉
▼
❸ 保険会社へ報告
▼
❹ 追加報告書作成②〈申請書〉→保険会社へ送付
▼
❺（保険会社→鑑定会社による現地確認→保険会社にて検討）
▼
❻ 保険会社から振込額の連絡
▼
❼（振込額について協議　※鑑定人の変更依頼）
▼
❽ 振込額確定
▼
❾ 入金

その後、送られてきた申請書を、見積書、損害状況の報告書と一緒に保険会社に送付します。保険会社のほうで保険金の審査が実施されますが、そのとき、鑑定会社が現地調査をすることもあります。

そして、保険申請が承認されると、保険会社より振込額の連絡が入ります。このとき、承認された金額に疑義がある場合は、保険会社と協議をすることも可能です。その後、最終的に決定した金額が入金されます。これが火災保険申請の一連の流れです。

報告書作成のポイント

この一連の流れの中で、特に手間と労力がかかるのは報告書の作成です。

代行会社に依頼する場合を除き、自分で作成して保険会社に提出する必要があります。この報告書で、損害の内容や原因について保険会社に説明をし、保険金を請求することになります。その内容次第で、保険会社は保険金を支払うかどうか、いくら支払うのかを決めるわけですから、しっかりと作成する必要があります。

作成のポイントはいくつかありますが、まず大切なのは**写真の撮り方**です。損害個所のアップの写真はもちろん、その周囲の全体写真も必ず用意します。**損害の内容がわかりやすい写真になるように考慮しましょう**。解像度や明るさにも気をつけます。

損害個所が見づらい写真だと、再提出を求められたり、最悪損害が認定されずに保険金が承認されないケースもあるので、見やすくわかりやすい写真を撮ることを心がけます。

写真を撮ったら、**その写真を使って資料を作成します。何が原因でそ**

報告書作成に使う写真の撮り方

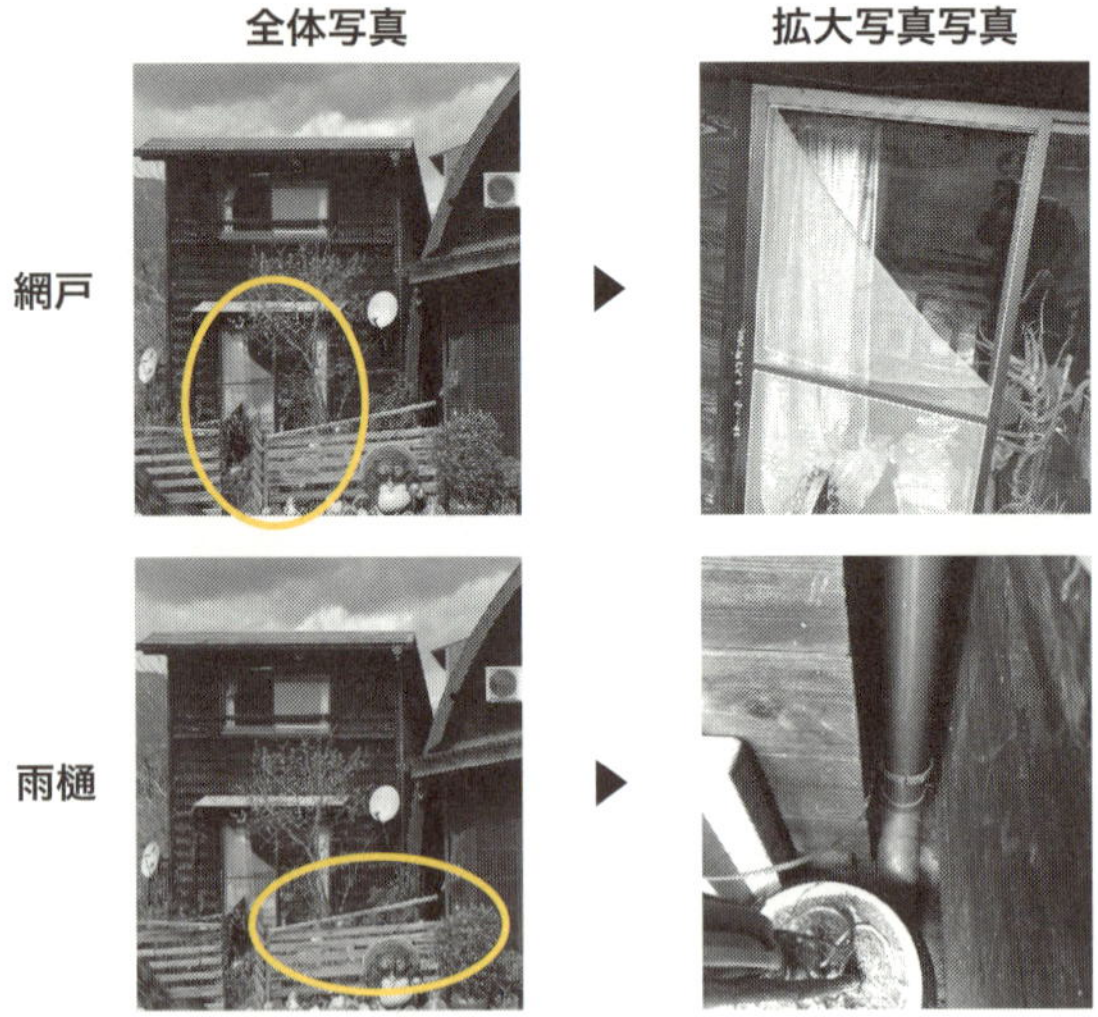

・受け取り側（保険会社、代理店、鑑定会社など）がわかりやすい写真を用意する
・心証がいい写真を用意する（解像度、明るさにも配慮）

の損害が発生したのか、修繕はどのようにすべきなのか、そのことを書面で説明するのです。

見積もりを作成してくれる工事会社など、専門家の知見を参考に、「○○年の台風○号による強風が原因の可能性がある」といった説明文を写真とともに掲載します。可能であれば、この資料については工事会社などに作成を協力してもらえるようお願いしてみましょう。

最後に、報告書に添付する**見積書の注意点**です。損害の修繕にいくらかかるかを示すものなので、**よくあ**

報告書作成 資料のつくり方

①台風により破損した可能性がある

②台風により破損した可能性がある

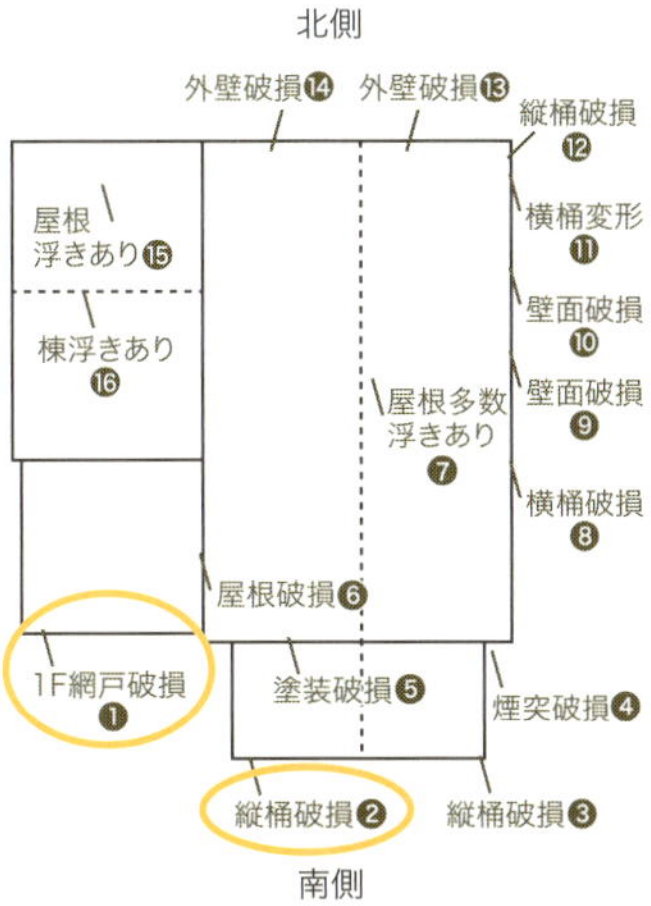

・専門家（工事会社など）の知見を参考に資料を用意する（専門家に用意してもらうのがbetter）
・想定される原因を明記する

る「〇〇工事一式」といった表記ではなく、各項目の数量や単価まで記載したものをつくってもらいます。

一式といった表記にしてしまうと、保険会社としては金額の妥当性がわかりません。詳細な見積書をつくってもらうよう、工事会社には事前に依頼しておく必要があります。

ここまでが、火災保険を活用した修繕の方法になります。もちろん、こうした損害が発生しないことが一番ですが、災害大国の日本では、いつ何があるかわかりません。そのときに慌てずに火災保険申請ができるよう、しっかり事前に学んでおきましょう。

報告書作成 見積書

	階段ポリカ波板　1800×900	1	式	4980	34860	
	同上下地木交換　材工共	1	式	48000	48000	
	同上取り付け金具	1	式	12000	12000	
	同上取り付け加工費	1	式	88000	88000	
	仮設足場架払し	1	式	1450	39150	
	飛散防止養生	1	式	680	18360	
	足場材搬入搬出費	2	回	25000	50000	

↓

	階段ポリカ波板　1800×900	7	枚	4980	34860	
	同上下地木交換　材工共	1	式	48000	48000	
	同上取り付け金具	1	式	12000	12000	
	同上取り付け加工費	1	式	88000	88000	
	仮設足場架払し	27	m^2	1450	39150	
	飛散防止養生	27	m^2	680	18360	
	足場材搬入搬出費	2	回	25000	50000	

・一式表記は極力避け、数量や単価を記載する

03 不動産のキャッシュフローを向上させる方法

不動産を運営していると家賃収入だけに気を取られがちですが、**家賃以外にも収入を得る手段はたくさんあります**。

また管理会社に言われるがまま、建物が古くなるにつれて家賃を下げる大家がいますが、家賃の減額は極力避け、最終手段とすべきです。

不動産投資は、いかに収入を上げて自分の物件の価値を上げるかが重要です。ここでは、収入を上げる方法に加え、経費を抑えてキャッシュフローを改善する方法について見ていきます。

そもそもキャッシュフローとは何か？

キャッシュフローとは、収入から経費とローンの返済額を引いた「手残り」のことです。

収入とは主に家賃や共益費ですが、ほかにも駐車場代や自動販売機、倉庫などから収入を得られることもあります。経費には、税金、管理委託費、修繕費、火災保険料などがあります。

キャッシュフローを向上させるためには、収入をいかに上げて、経費や返済額をいかに抑えるかが重要になります。

物件を所有していると、どうしても一定の経

キャッシュフローのイメージ図

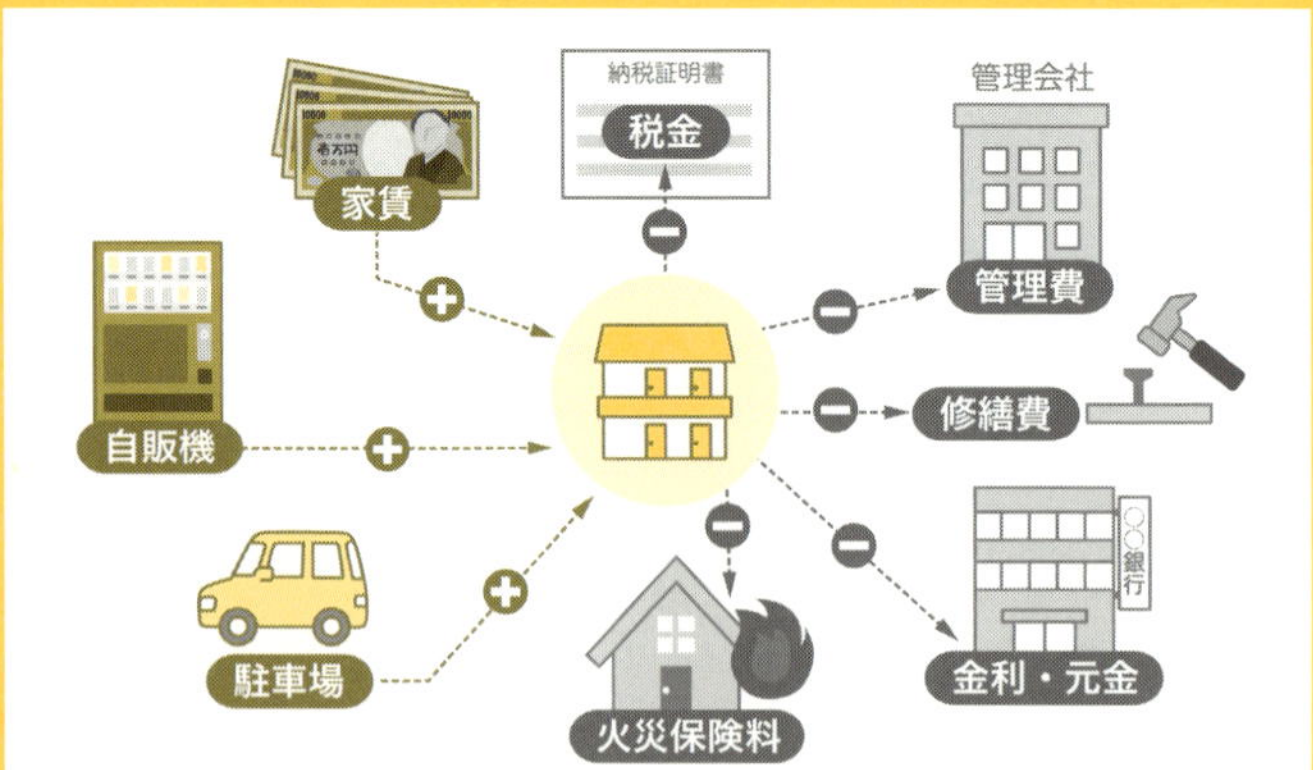

費がかかってしまうので経費を抑えることは限定的になってしまいますが、収入は工夫次第でどんどん増やすことが可能です。

物件のキャッシュフローを上げることが重要な理由

それでは、なぜそんなにキャッシュフローを上げることが重要なのでしょうか。

「そんなの、毎月の収入が増えるからでしょ」と思った人もいるでしょう。もちろん、そのとおりなのですが、それだけではありません。**収入のアップは、イコール利回りのアップを意味します。**そして、**多くの投資家は利回りを見て物件を買うので、利回りアップは売却価格のアップに直結**します。売却益を得ることが投資の目的でないとしても、売却価格をアップさせることはとても重要です。

売却して、もしくはローンを完済して、はじめて利益が確定

仮に、物件を所有している間に年間100万円のキャッシュフローがあったとして

も、借入が残っている場合は、利益が確定していない状態です。この物件を10年後に1000万円で売却したとしたら、キャッシュフロー合計1000万円＋売却価格1，000万円＝2000万円ですが、ローン残高が3000万円あったら、トータルの収支はマイナス1000万円で大赤字です。

このように、**キャッシュフローがどんなに多くとも、それは確定している利益ではなく、売却するかローンを返済し終えてはじめて利益が確定する**のです。そのため、「自分の物件がいくらで売却できるか」は常に意識しておく必要があります。

「売却益」はキャッシュフロー以上のインパクトがある

5000万円の利回り10％（年間収入500万円）の物件のキャッシュフローが年間100万円だったとします。この物件を利回り9％で売却したとすると、5，555万円での売却となります（次頁下図参照）。5555万円－5000万円で利益は555万円となりますが、これはキャッシュフローだと実に5年分に相当します。

もちろん経費や売却益にかかる税金などがあるので、実際の手残りはそこまで多くはないですが、**それでも売却益には、数年分のキャッシュフローを一気に稼いでしまうインパクトがあるのです**。

反対に利回り11％で売却するとなると、455万円の損失で、一気に数年分のキャッシュフローが吹き飛んでしまいます。

いつでも売れる状況にしておく！

このように売却価格が与えるインパクトはとても大きいため、常に売却価格を意識し、いつでも売れる状態にしておきましょう。これにはちゃんと理由があります。不動産投資をしていると、新しく物件を買おうとしたり、大規模な修繕が必要になったりと、まとまった資金が必要になる場面は珍しくあり

売却益のインパクト

例　物件価格：5,000万円、利回り10％(500万円)、ローン残5,000万円、年間手残り100万円

5年間所有
年間キャッシュフロー(CF)：100万円×5年=500万円

9％で売却
5,555万円(500万円÷9％)－5,000万円=555万円(≒5年間のCF相当)

11％で売却
4,545万円(500万÷11％)－5,000万円=**－455万円**(≒5年間のCF相当)

ません。実際に、短期間の間にたくさんの物件を購入している不動産投資家たちは、多くの場合、物件を売却して自己資金を増やしています。

また、そういった目的はなくても、自分に何かあったとき、物件を売却することになるかもしれません。そのときに**借金だけが残るなんてことにならぬよう、売却価格を意識した売れる物件を所有するようにしましょう**。

収入アップの方法❶ 家賃や共益費を上げる

それでは、ここからは、具体的に収入を上げる方法について見ていきましょう。

最初に検討すべきことは、**家賃を上げること**です。これから入居者募集をする空室について、家賃を上げられないかぜひ検討してみましょう。

「家賃を上げるなら、リフォームしたり設備を新しくしたり、いろいろお金がかかるのでは？」と思ってしまいますよね。もちろん、そうやって家賃を上げる方法もありますが、設備はそのままでも、**募集方法を変えて家賃を上げる**という手段があります。

例
- ペット可の物件にする
- 単身者向けの部屋に2人での入居をOKにする
- 入居後数カ月の家賃の割引やフリーレントなどのサービスをつける

こういったことで家賃を上げることができます。工夫次第で、設備投資のような大金をかけなくても、家賃を上げることが可能なのです。

また新規募集の部屋の家賃を上げる以外に、**既存の入居者の家賃を上げる**ことも検討してみましょう。もちろん何でもかんでも家賃を上げればいいということはないですが、そのエリアの家賃相場が上がっている、近隣と比べても明らかに安い家賃になっている場合などは、適正な家賃に上げる取り組みをすべきです。

ただやみくもに家賃を上げても、もちろん入居者は納得しないでしょうし、最悪退去されてしまう場合もあるので、しっかりとした根拠やデータを示すようにします。契約更新時に家賃アップをするときは、実際の事務は管理会社が行います。**入居者への説明なども管理会社が実施しますから、**第4章でお話ししたとおり、協力的な管理会社かど

うかが鍵となります。

家賃以外にも、**共益費を上げるという方法もあります**。「大規模修繕をした」「新しく無料Ｗｉ-Ｆｉを導入した」など、建物や設備の改善があれば入居者の理解も得られるでしょう。

収入アップの方法❷
そのほかの収入

家賃や共益費以外にも、さまざまな方法で収入を上げることができます。

まず検討したいのは、**飲料水などの自動販売機の設置**です。電源さえあれば、場所をほとんど取らず設置することができます。

契約形態にもよりますが、設置の工事費用はその飲料水メーカーが負担してくれ、商品補充やゴミの回収などもすべてメーカーがしてくれるのが一般的です。**大家の出費は、月数千円の電気代のみで、入居者の利便性向上にもつながりますし、物件の入口が明るくなることで防犯の効果も期待できます**。

ある程度売上が見込める場所でないと設

置はできませんが、まずはいろいろなメーカーに問いあわせてみましょう。

また自販機のほかにも、倉庫を設置して、入居者や近隣の人などに貸し出したり、建物に看板を設置し、設置料をもらう方法もあります。入居者や近隣の人向けのバイク置き場や駐輪場を設置するのもいいでしょう。

「ミニパ（https://minipa.jp/）」というサイトで利用者を募集することも可能です。「軒先ビジネス（https://business.nokisaki.com/）」というサイトでは、**空いているスペースをそのまま使いたい人向けに貸し出せます**。アクセサリーなど

収入アップの方法まとめ

	方法	協力者	コスト	具体的には？
新規家賃	募集方法の変更	管理会社	ほとんどなし	ペット可・同居可・フリーレント可
	入居時設備の設置（モデルルームなど）	工事会社（管理会社）	数千円～数万円	家電・家具
既存賃料	更新時に賃料交渉	管理会社	ほとんどなし	地価の上昇や他室との比較を行い賃料改定を行う
共益費アップ	共益費のUP・徴収	管理会社	工事費など	経年劣化・大規模改修・Wi-fi設置
そのほかの収入	自販機の設置	ベンダー（自販機会社）	月額電気代数百円～数千円	ベンダーに現地調査依頼
	バイク置き場設置 自転車置き場設置	管理会社	ほとんどなし	MINIPA 月額数百円～数千円で募集
	看板設置	看板募集会社	契約形態による	外部関係者に募集
	倉庫の設置	管理会社	～数万円	倉庫を設置し入居者に募集
	各種サイトに掲載	空きスペース利用	ほとんどなし	軒先ビジネス・akippa・スペイシー

の物品販売や、ランチワゴンで飲食販売したい人などから需要があります。ほかにも、駐車場に空きがあれば入居者だけでなく近隣の人に貸し出したり、「akippa（https://www.akippa.com/）」というサイトで時間貸しを行うこともできます。

スペース貸しとは異なりますが、**空室が長引いている場合は、家具や家電などを設置しレンタルスペースとして貸し出す**のもいいでしょう。勉強会やお茶会などの需要があり、「スペイシー（https://www.spacee.jp/）」などのポータルサイトで集客できます。賃貸募集の閑散期にだけ実施して、1〜3月の繁忙期にはレンタルスペースを止めて、家具・家電つき物件として客付けする方法もあります。

このように、家賃以外にもさまざまな方法で収入を得ることができるのです。ひとつひとつは小さな収入ですが、これらを積みあげていって利回りに割り戻すと、意外と大きな金額になったりします。

経費・返済額を下げる方法

収入を上げることはとても大事ですが、同時に、経費・返済を下げて、支出を削減することも大切です。**どうしても最低限かかってしまう経費があるので、大幅な減額は難しいですが、それでも塵も積もれば山となります**。ひとつひとつ削減できるところがないか検討していきましょう。

修繕費用を見直す

大規模修繕や退去後の原状回復工事の際に、管理会社の選んだ工事会社を使うだけでなく、自分で複数見積りを取って比較するといいでしょう。

タイミングがあえば、第4章でお話ししたプロパンガス会社に聞いてみるのも効果的です。

工事の仕様についても、地域最安値で貸し出そうとしている部屋に価格の高い設備を導入するのはコストパフォーマンスが悪くなるので、本当にそこまでの設備が必要かよく考えるべきです。

管理費を見直す

地域にもよりますが、**家賃など収入の5%が管理費の相場**ですが、なかにはより安い管理会社もあります。また振込手数料が必要以上に高い金額になったりしていないか、更新手数料が更新料の50%を超えていないか、細かくそういった費用をしっかり見直すことも大切です。

ほかにも、清掃は管理会社に任せるのではなく、**シルバー人材センターや地域の掲示板サイト「ジモティー（https://jmty.jp/）」で掃除してくれる人を自分で探す**のは効果的です。月に8000円から1万円ほどかかっていたものが、その半額以下で依頼できることもあります。

経費見直しの方法まとめ

項目	方法	協力者	備考
修繕	工事会社の見直し	工事会社 プロパンガス会社	管理契約書を要確認
	仕様の見直し	工事会社 管理会社	家賃に見あう仕様
管理費	管理費の見直し	管理会社	相場管理費 5% 前後
	管理契約書の見直し	管理会社	振込手数料の妥当性 更新手数料が 0.5 カ月か？
清掃費	清掃会社の見直し	清掃会社 管理会社	シルバー人材や ジモティーを利用
火災保険料	保険会社の見直し	火災保険会社	各社の商品を比較
	契約内容の見直し	火災保険会社	ハザードマップ （水害の有無など）

また火災保険については、更新のタイミングでより安い会社に切り替えたり、ハザードマップをチェックして契約内容を見直す（水害を外すなど）こともできます。

返済額を抑える

最後に、返済額を下げることも検討すべきです。具体的な方法は、**ほかの金融機関への借り換えや金利交渉**です。第3章でお話しした金融機関の目安を参考に、**ほかの金融機関で新たに融資を受ける**のは効果的な方法です。借り換えを実際にしなくても、より融資条件のいい金融機関が見つかったことをすでに融資を利用している金融機関に伝え、金利を下げてもらうよう交渉するのも手段としてありです。

ただし借り換えをしてしまうと、すでに融資を利用していた金融機関では次から融資してもらえなくなる可能性があるので、そのことは考慮して実施しましょう。

このように物件を買ったあとでも、さまざまな方法でキャッシュフローを向上させることができます。これらの項目について物件購入時によく検討するのはもちろんですが、運営している中で定期的に見直すようにしましょう。

04

運用術のケーススタディ

実践で学ぶ運用術

最後に、「実際にこんな条件の物件があったら、どう対応するのか」というケーススタディを通して、より実戦に近い形で学んでいきます。

家賃の設定や修繕費用のかけ方などについて、少し難易度は上がりますが、売却までを考慮したより具体的な事例を使ってお話しするので、ぜひしっかりと身につけてください。

ケーススタディ❶ リノベーション費用の計算

Q

先月350万円で購入したボロ戸建てをリノベーションして、不動産投資家向けに売却を考えている。売却利益を加味して、リノベーション費用はいくらまでかけられるか？

前提条件

- 築50年の戸建て　● 内装はきれい　● 外装が古臭い
- 相場家賃：月7万円。現在7万円で賃貸中
- 投資用不動産の相場利回りは15％

※計算を簡素化するため、仲介手数料、登記費用などの諸費用は省く。

A

リノベーション費用は最大「210万円」までかけられる。相場利回りが15％なので、想定売却価格は7万円×12カ月÷15％＝560万円となる。**560万円－350万円（購入価格）＝210万円がかけられる費用の上限。**

これは損をしない範囲の上限なので、より多くの利益を出そうと思うなら、もっと費用を抑える必要があります。

ケーススタディ② 家賃設定の方法

Q

1階3戸、2階3戸の2階建てアパートを所有。今回1階に1部屋空室が発生したが、家賃をいくらに設定するか？ また、その家賃で決まる（決める）理由を説明せよ。

前提条件

- 各室の現状の月の賃料は、下図のとおり
- 家賃は近隣相場と比較して適正なものとする

A　101号室の家賃設定は「3・2万円」。

各部屋の家賃を見てみると、2階は全部屋3・2万円の家賃で、1階は3万円と3・1万円となっています。防犯の関係で、1階のほうが人気はなく、2階よりも家賃が安いといわれており、現状の家賃もそうなっています。そのため、1階の空室は2階より家賃を安くしようと考えがちですが、実は必ずしもそうとはかぎりません。**1階を好む人もいるので、まずは2階と同じ家賃で募集をしてみましょう。**

また、空室の101号室は角部屋なので、そういった意味でも隣の102号室よりも高い家賃設定で問題ありません。隣りあう部屋との騒音問題が少ないので、角部屋は人気があります。もし3・2万円で入居者がなかなか見つからなければ、そこではじめてより安い家賃設定を検討すればいいのです。

ケーススタディ③ 家賃以外の収入

Q

1階3戸、2階3戸の2階建てアパートを所有しています。早期売却での利益を考えるとA案とB案はどちらがいいか？

A案 ソーラーパネルを設置する：年間収入＋20万円。ただし費用200万円がかかる

B案 空きスペースに倉庫を設置する：年間収入＋7・2万円。ただし費用36万円がかかる

前提条件

- 1660万円で購入
- 全室の平均家賃は3万円
- 相場利回り13％

A

B案。

Ａ案の年間収入は「６戸×３万円×12カ月＋20万円＝２３６万円」となります。相場の利回りで割り戻すと「２３６万円÷13％＝１８１５万円」が売却価格になります。「１８１５万円－１６６０万円（購入価格）－２００万円（設置費用）＝マイナス45万円」となってしまいます。

Ｂ案の年間収入は「６戸×３万円×12カ月＋７・２万円＝２２３・２万円」となります。相場の利回りで割り戻すと「２２３・２万円÷13％＝１７１６万円」と売却価格はＡ案よりも下がってしまいますが、１７１６万円－１６６０万円（購入価格）－36万円（設置費用）＝20万円」と、こちらはプラスになります。

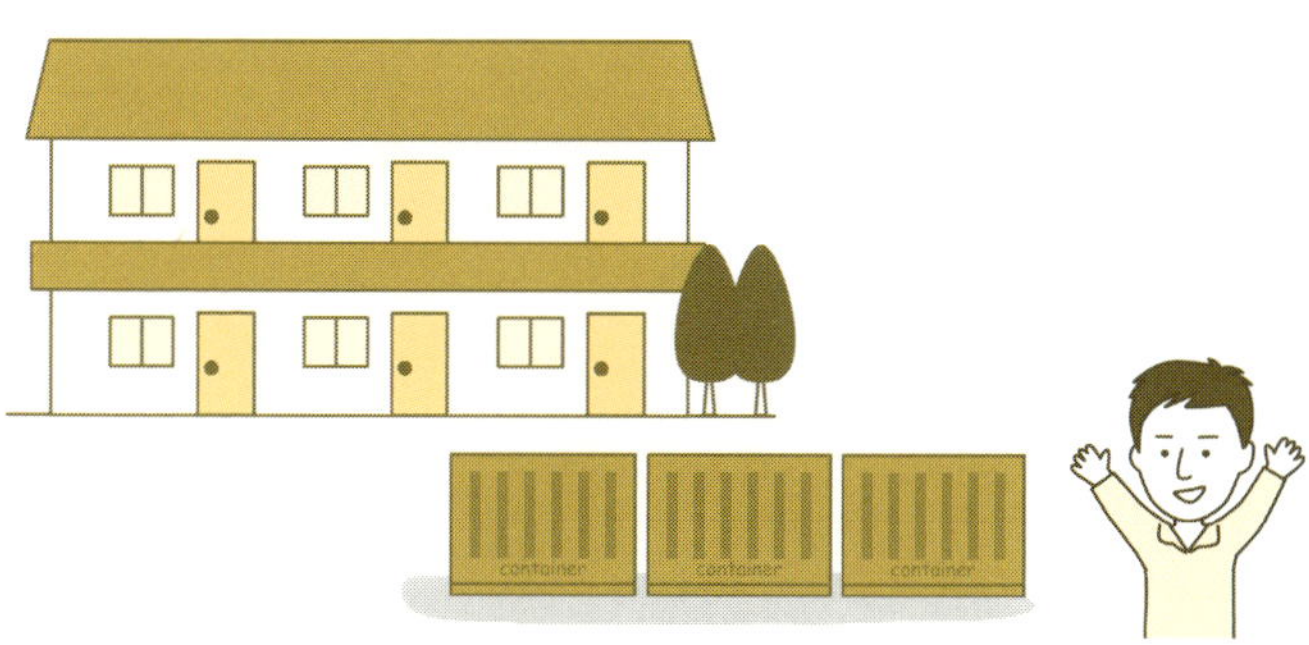

ケーススタディ④ 売却価格の設定

最後はより複合的なケーススタディです。

Q

売却時の想定年間収入を計算し、売却価格をいくらにするか？

前提条件

- 1600万円で購入
- 間取り1K×6戸
- 全室平均家賃は3万円だが、地域の相場家賃は2・8万～3・5万円
- 相場利回りは13％
- 1年後に売却予定
- 売却時は1部屋空室

検討可能な事項

- 自動販売機設置⇒実施すると、年間収入が1万円増える。ただし設置費用2万円がかかる
- 1戸（家賃3万円）が、更新で3・2万円へ値上げ可能。ただし費用3万円がかかる（家賃額を上げる交渉してもらう代わりに、管理会社に事務手数料を渡す）
- 所有時に1戸（家賃3万円）が空室となり、原状回復後に入居があると想定、原状回復工事を最低限の10万円で実施すると家賃は2・8万円に下がる、原状回復工事をよりグレードの高い15万円で実施すると家賃は3・5万円に上がる

A 売却時の想定年間収入は「225・4万円」、売却価格は「1733万円（利回り13％）」

❶自動販売機の収益1万円と❷既存家賃（4戸×3万円＋1戸×3・2万円）×12カ月＝182・4万円、❸入居予定（グレードの高い工事）1戸×3・5万円×12カ月＝42万円を合計すると、❶＋❷＋❸＝**225・4万円**（年間収入）となり、225・4万円÷13％＝**1733万円**（売却価格）となります。

これは、自動販売機からの収入や更新時の家賃値上げ、グレードの高い原状回復工事をすべて実施した場合の収入です。これらを実施しない場合との、売却価格を比較してみましょう。

A自動販売機を設置しない場合：❷＋❸＝224・4万円（年間収入）÷13％＝**1726万円**（売却価格）となり、自動販売機を設置した場合との差額は7万円になります。ここから設置費用2万円を差し引いても自動販売機を設置したほうが**5万円**も売却価格が上がることになります。

Ⓑ家賃値上げなしの場合：❷既存家賃（5戸×3万円）×12カ月＝180万円（年間収益）となり、❶＋❷＋❸＝223万円（年間収入）÷13％＝**1715万円**（売却価格）となります。家賃値上げをした場合との差額は18万円です。ここから事務手数料の3万円を差し引いても賃上げをしたほうが**15万円**も売却価格が上がることになります。

Ⓒ原状回復工事を最低限の10万円でやる場合：（空室家賃が3・5万円から2・8万円に下がる）、❸入居予定1戸×2・8万円×12カ月＝33・6万円となり、❶＋❷＋❸＝217万円（年間収入）÷13％＝**1669万円**（売却価格）となります。ここから工事費の差額5万円を差し引いても、グレードの高い工事をしたほうが**59万円**も売却価格が上がることになります。

このように、今回のケースではいずれの場合も、かかる費用を上回る売却益への効果がありました。**リフォームするときや設備を導入する際に、売却価格にどう反映されるかを常に意識しましょう**。

ケーススタディ番外編

どの物件を買うべき？

こちらは番外編です。

Q

あなたならどの物件の購入を検討したいか？

前提条件

- 間取り1K×10戸の物件　・相場利回りは10％
- 地域の相場家賃は3万～3・5万円

❶購入価格4800万円、平均家賃4万円、稼働率100％（入居10戸／10戸）

❷購入価格3360万円、平均家賃2・8万円、稼働率50％（入居5戸／10戸）

❸購入価格3840万円、平均家賃3・3万円、稼働率80％（入居8戸／10戸）

A 最も大きな売却益をねらうなら「❷」を購入する

❷は稼働率が低いのが難点ですが、現況の家賃が相場よりも安いので、家賃を値上げできる可能性を秘めています。

- 保守的に見て全室相場家賃の最小額（3万円）になった場合でも、売却想定価格は3600万円（10戸×3万円×12カ月÷相場利回り10%）となります。
- うまく入居付けをして全室相場家賃の最大額（3・5万円）になった場合、売却想定価格はなんと4200万円（10戸×3・5万円×12カ月÷相場利回り10%）にもなります。

このように、**現状の稼働率は低いものの、ノウハウを持ってしっかり入居付けできれば❷が最も投資効率がいい物件**となります。

❸も相場家賃で入居が決まっていて、稼働率もなかなかいいので悪くはありません

が、伸びしろがさほどありません。❶については、現状満室なので一見するとよさそうですが、家賃が平均よりも高くなっています。退去後に家賃が下がってしまう可能性が高いので避けたほうがいいでしょう。

以上が運用術のケーススタディになります。いかがでしたでしょうか。

実際に物件を購入したりリフォームをする際は、こういった判断を適正にできるだけ早くできるようになると、ほかの投資家と差をつけることができます。

もちろん、実際にはここで書かれている条件のほかにも、物件の状態や賃貸需要なども考慮しなければいけませんが、不動産を運営するイメージは湧いたかと思います。ここで学んだことを、ぜひあなた自身の運営にも活かしてください。

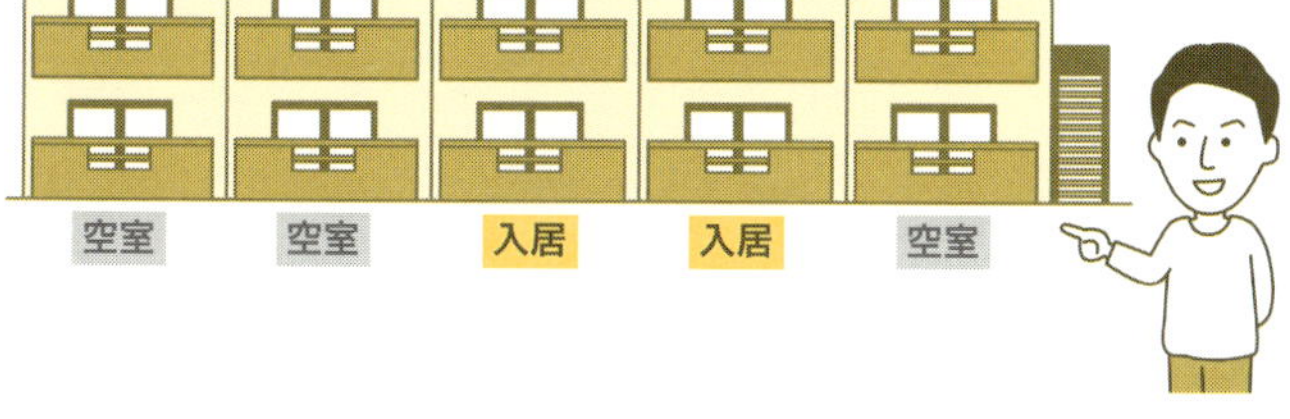

最後に確認！　ほかの投資家と差をつける！　物件運用術 To Do リスト

項目	やるべきこと
賃貸借契約書のポイント	
家賃などの支払い関係	・家賃の金額は正しいか ・振込先口座は管理会社か自分か ・敷金や退去時修繕費の表記は正しいかなど
各期日について	・家賃の支払期限はいつか ・解約の申し入れ（退去の通知）は２カ月前かなど
入居者と大家の負担区分に関すること	・修繕費用負担区分表は作成されているかなど
火災保険申請	
自分で申請する際の注意点	・報告書を作成：写真は解像度や明るさに注意、損害の内容がわかりやすい写真を使う ・資料作成：損害の原因（○○年の台風○号による強風　など）と、修繕の方法を説明する ・見積書：「○○工事一式」といった表記ではなく、各項目の数量や単価まで記載
代行会社を利用する際の注意点	・まれに違法行為があるところも ・承認された保険金の 25 ～ 35% の手数料がかかる ・１度悪質な代行会社を使ってしまうと、今後火災保険の申請が承認されにくくなる可能性がある
キャッシュフローを向上させる方法	
家賃を上げる（新規募集）	・募集方法を変更（ペット可、２人入居可、フリーレント、初期費用を大家負担　など）
家賃を上げる（既存入居者）	・しっかりとした根拠やデータを示す、協力的な管理会社かどうかが鍵
共益費を上げる	・大規模修繕をした、新しく無料 Wi-Fi を導入した、など建物や設備の改善時に実施
そのほかの収入	・自動販売機　・倉庫の設置 ・バイク置き場や駐輪場の設置　・スペース貸し ・空き駐車場の貸し出しや時間貸し（akippa） ・空室のレンタルルーム化
経費を減らす	・修繕（相見積もりの実施、プロパンガス会社の利用など）　・管理会社の変更 ・清掃（シルバー人材センターやジモティーを利用）
返済額を減らす	・借り換えや金利交渉を実施

おわりに

自分だけの「羅針盤」は見つかりましたか？

ここまでお読みいただき、誠にありがとうございました。

不動産投資においての目標設定の方法から、最後は具体的な事例を用いたケーススタディまで、多くのテーマについて解説させていただきました。

ボリュームが多く読むのも大変だったかもしれませんが、その分、不動産投資をはじめるにあたって必要な知識がひととおり身についたはずです。

投資活動で行き詰まったら、ぜひ本書の第1章をもう一度読み返してください。「どうして不動産投資をするのか？　その目的は何か？」。このことが明確になれば、きっと今すべきことが見えてくるでしょう。

それこそが自分だけの「羅針盤」として、あなたの不動産投資を成功に導いてくれます。

そして、第2章以降の内容についても、物件を買ったり運営したりする場面で、その都度読み返してみてください。不動産投資をはじめる前に読んだときとは違う、きっと新しい気づきがあることでしょう。

今、私たち3人はTerraCoya大家の会という、20代・30代の不動産投資家向けのコミュニティを運営しています。

その中で、危ない物件を購入する直前の人に出会ったり、勉強はたくさんしているけどなかなか一歩を踏み出せない人に出会ったりすることもあります。

先輩大家さんたちと学び、情報交換をすることで、危険な物件を回避できたり、ずっと買えなかったけどスタートを切れたりする人を何人も見てきました。

そういった経験から、不動産投資で苦労する人のために、「失敗しないための正しい知識」と「すぐに活かすことができるノウハウ」を提供できる本をつくりたい。そんな想いを抱くようになり、本書を執筆するに至りました。

移り変わりの激しい不動産投資の世界で、いつの時代でも生きる知識を提供しつつ、読み終わったらすぐに投資活動ができる。そんな本があれば、不動産投資で失敗する人を減らし、成功する人を増やせるはずだと考えています。

この本が、そんな成功する大家さんたちの一助となればこれほど幸せなことはありません。読者のみなさんが不動産投資で成功し、その人生が豊かなものになることを心より願っています。

この本を出版するにあたっては、実に多くの人たちに支えていただきました。

特に、ソシム株式会社の福田清峰編集部長には、初の執筆で右も左も分からない若輩者のわれわれを熱心にサポートいただき、心より感謝しています。

ほかにも、出版協力いただいた小山睦男さん、内容確認にご協力いただいた弁護士の波戸岡光太先生はじめ、本書に携わってくださったみなさまには、ただただ感謝の気持ちでいっぱいです。本当にありがとうございました。

TerraCoya大家の会

林　奏人

辻　龍一

富治林　希宇

カバーデザイン：清水佳子
本文デザイン・DTP・イラスト：嶺岡涼
出版協力：小山睦男

豊かな不動産ライフを手に入れる一番わかりやすい教科書

不《ふ》動《どう》産《さん》投《とう》資《し》の羅《ら》針《しん》盤《ばん》

2020年12月4日初版第1刷発行
2021年 1月8日初版第2刷発行

著者　TerraCoya大家の会（林奏人、辻龍一、富治林希宇）
発行人　片柳秀夫
編集人　福田清峰
発行　ソシム株式会社
https://www.socym.co.jp/
〒101-0064 東京都千代田区神田猿楽町1-5-15 猿楽町SSビル3F
TEL：(03) 5217-2400（代表）
FAX：(03) 5217-2420

印刷・製本　シナノ印刷株式会社

定価はカバーに表示してあります。
落丁・乱丁は弊社編集部までお送りください。
送料弊社負担にてお取替えいたします。
ISBN 978-4-8026-1282-1